Evelyn Kroschel

Die Weisheit des Erfolgs

Evelyn Kroschel

Die Weisheit des Erfolgs

Von der Kunst, mit natürlicher
Autorität zu führen

Kösel

ISBN 3-466-34346-1

Druck und Bindung: Kösel, Kempten.
Umschlag: Kaselow-Design, München.
Umschlagmotiv: SIS, Paris (Tomek Olbinski).
1 2 3 4 · 99 98 97 96
*Gedruckt auf umweltfreundlich hergestelltem Werkdruckpapier
(säurefrei und chlorfrei gebleicht)*

Für Hans-Ulrich

Inhalt

Dank

Mein tiefer Dank gilt dem Vorstandsvorsitzenden der Deutschen Bahn AG, Herrn Heinz Dürr. Seine sensible und nachdenkliche Offenheit, mit der er sich meinen Fragen und Interpretationen stellte, ermutigte mich, wesentlich weiter in das Thema Macht und Erfolg vorzudringen, als ich ursprünglich geplant hatte. Ohne seine spontane Gesprächsbereitschaft und vielfache Unterstützung wäre dieses Buch nie entstanden.

Sehr herzlich bedanken möchte ich mich auch bei allen Führungskräften und Mitarbeitern der verschiedensten Unternehmen, die mich an ihren Erfahrungen und ihrem handlungsleitenden Denken und Fühlen teilhaben ließen. Sie boten mir die Möglichkeit, meine Erkenntnisse aus der psychotherapeutischen Praxis zu erweitern, so daß ich die Dynamik von Macht-, Rache- und Erfolgsprozessen in den unterschiedlichsten Umfeldern erforschen konnte.

Meinem Mann Hans-Ulrich und meinen Söhnen Kristian und Jörg danke ich für die vielen Diskussionen und Anregungen und ihre Bereitschaft, sich immer wieder mit meinen Ideen und Entwürfen zu diesem Buch auseinanderzusetzen. Kristian danke ich vor allem sehr, daß er aus meinen Zeichnungen perfekte Computergraphiken erstellte und mit unermüdlicher Geduld meine endlosen Änderungswünsche erfüllte.

Last but not least: Ich könnte mir keine bessere Betreuung vorstellen, als meine Lektorin Beate Herbinger sie mir angedeihen ließ. Ich danke ihr für ihre ermutigende Begeisterung und ihre hilfreichen Kommentare und Vorschläge, mit der sie die Entwicklung des Buches begleitete und prägte.

1
Nicht Macht ist unheilvoll, sondern Ohnmacht

*... denn die Ohnmacht gegen Menschen,
nicht die Ohnmacht gegen die Natur,
erzeugt die desparateste Erbitterung.*

Friedrich Nietzsche

Ganz gleich, wie Sie Erfolg definieren und was Sie persönlich als Erfolg ansehen, in jedem Fall bedeutet er das positive Ergebnis einer bewußten oder unbewußten Bestrebung. Er ist die Bestätigung einer geglückten Verwirklichung eines Zieles, was immer auch dieses Ziel sein mag. Das soll jedoch keineswegs heißen, daß Erfolg nur ergebnisorientiert ist. Wenn ich ein Ziel anstrebe, ist mir die Art und Weise des Weges in der Regel genauso wichtig wie das Ziel selbst. Ist dieser Weg lustvoll und befriedigend, empfinde ich das als erfolgreich, weil unabhängig vom Ergebnis der Prozeß erfolgreich verläuft. Nun mögen Sie vielleicht einwenden, daß Erfolg auch von glücklichen Zufällen und günstigen Umständen abhängt. Merkwürdigerweise deuten alle meine Erfahrungen darauf hin, daß bei gut entwickelter persönlicher Macht die Zufälle meist im Sinne des Erstrebten wirken. Da persönliche Autoritätsentwicklung sehr viel mit hoher Wahrnehmungs- und Kontaktfähigkeit zu tun hat, scheinen jemandem mit persönlicher Autorität im richtigen Augenblick auch die richtigen Ideen, Menschen und Situationen »zuzufallen«. Erfolg hat viel weniger mit dem objektiven Vorhandensein von günstigen Umständen zu tun als vielmehr mit einer erweiterten Wahrnehmungsfähigkeit für die gegebenen Potentiale einer Situation und einem entsprechenden entschiedenen Handeln.

Worin unterscheiden sich Menschen, die offenbar wie spielerisch ihre Erfolge erzielen, von denen, die sich ihre Erfolge immer schwer erkämpfen müssen oder die sich überhaupt nicht erfolgreich erleben? Jene, die natürliche Autorität ausstrahlen und scheinbar selbstverständlich ohne große Widerstände erreichen, was sie wollen, besitzen eine ganz besondere Art von Macht. Sie beherrschen eine Praxis der persönlichen Macht, die sie zwang- und gewaltlos ihre Ziele erreichen läßt. Es ist eine Macht jenseits von Gewalt und Unterdrückung, eine Macht, die bewirkt, daß andere freiwillig und gerne im erwünschten Sinn handeln, eine Macht, die andere nicht kleinmacht, sondern im Gegenteil ihre Fähigkeiten und Potentiale unterstreicht, hervorhebt und entwickelt.

Das Thema Macht scheint jedoch enorm brisant und tabuisiert zu sein. In zahlreichen Gesprächen wurde mir nahegelegt, doch nicht den Begriff Macht zu verwenden, sondern lieber von Wirksamkeit und Einfluß zu sprechen. Macht ist derart negativ besetzt, daß sich dagegen sofort ein innerer Widerstand formiert – bei den einen, weil sie sich von Macht bedroht fühlen, bei den anderen, weil sie nicht für manipulativ und unterdrückend gehalten werden möchten. So erklärte mir z.B. der Geschäftsführer einer Firma mit über 4000 Mitarbeitern, daß er keine Macht habe. Auf meine Frage, wie er denn ohne Macht seine Firma führen könne, antwortete er zögernd: »Nun, Macht möchte ich das nicht nennen.«

Die Tabuisierung des Themas der persönlichen Macht – und dazu gehört vor allem die Frage, wie man sie erlangt und ausübt – ist erstaunlich. Was also ist dieses faszinierende und schillernde, heißbegehrte und verleugnete Phänomen genau? Für die einen ist Macht ein hochbegehrtes Gut, für das mit höchstem Einsatz gekämpft wird, für die anderen ist sie Ausdruck des Bösen schlechthin und wird verfemt. Die einen erfreuen sich ihrer, die anderen leiden darunter. Die einen verstehen darunter Stärke, Größe, Einfluß und Wirksamkeit, die anderen Manipulation, Intrige und Gewalt. Nietzsche erhebt den »Willen zur Macht« zum bestimmenden Wert des Lebens, der Buddhismus sieht dagegen im Machtverzicht den Ausdruck höchster Erleuchtung. Wobei es zu bedenken gilt – und dies wird oft vernachlässigt –, daß wirklichen Machtverzicht nur derjenige leisten kann, der Macht besitzt; alles andere entspricht der Fabel vom Fuchs und den Trauben. (Die Fabel handelt vom Fuchs, der beim Spazierengehen hoch oben an einer Mauer schöne, süße Trauben entdeckte. Nachdem er vergeblich versucht hatte, an die zu hoch hängenden Früchte zu kommen, erklärte er dem schadenfrohen Raben verachtungsvoll, daß er diese sauren Trauben sowieso nicht wollte.)

Vielleicht wäre es opportun, lieber von Wirksamkeit, Einfluß und Kompetenz zu sprechen. Doch das erschiene mir als feiges Vermeiden des Benennens eines Phänomens, das in unserem Leben allgegenwärtig vorhanden ist; Macht ist eine Lebensdimension, der sich niemand entziehen kann. Sämtliche Lebensfelder, in denen wir uns in unseren verschiedenen Rollen bewegen, sind vor allem auch durch ihre Machtstrukturen und Machtverhältnisse bestimmt. Jeder von uns ist in zahlreiche, oft aufeinander bezogene Machtsysteme eingebettet. In jeder Gesellschaft unterteilt sich das Machtsystem in immer kleinere, aufs engste miteinander verflochtene Machtsubsysteme, deren kleinstes dann das individuelle psychische System darstellt, in dem die einzelnen widersprüchlichen Bedürfnisse bzw. Motive ihre Machtkämpfe austragen. Dort, wo Macht scheinbar keine Rolle spielt, herrscht lediglich ein optimales, subtiles Gleichgewicht der Macht. Solche Beziehungen zeichnen sich durch eine fein abgestimmte Machtbalance zwischen den beteiligten Partnern aus.

Es kann also nicht um die Frage gehen, ob die Machtdimension wünschenswert ist oder nicht – Fakt ist, daß sie allgegenwärtig existiert. Genauso gut könnte man fragen, ob es wünschenswert ist, daß Menschen Bedürfnisse haben – Tatsache ist, daß sie welche haben. Und weil wir Bedürfnisse haben, hat immer derjenige potentiell die größere Macht, der in der Lage ist oder in der Lage zu sein scheint, diese Bedürfnisse am besten befriedigen zu können.[1] Erst die absolute (!) Bedürfnislosigkeit würde den Menschen aus dem ewigen Machtspiel befreien.

Macht und Bedürfnisse sind untrennbar miteinander verbunden. Ohne Bedürfnisse gäbe es keine Macht. Das Wort Macht kommt aus dem Gotischen (maht) und bedeutet ursprünglich »Können«. Bei diesem Können handelt es sich um eine besondere Fähigkeit, um die Fähigkeit des »ich will und ich kann« und des »ich brauche und ich bekomme«. Und zwar freiwillig.

Das Verständnis von Macht im westlichen Kulturkreis ist jedoch stark beeinflußt von der Definition Max Webers: »Macht bedeutet jede Chance, innerhalb einer sozialen Beziehung den eigenen Willen auch gegen Widerstreben durchzusetzen, gleichviel worauf diese Chance besteht.«[2] Nach dieser Definition beinhaltet Macht auch die Möglichkeit der Gewalt, und der Fokus ist stark auf die Komponente »gegen Widerstreben durchzusetzen« gerichtet. Eine solchermaßen verstandene Macht bedeutet in der Praxis dann jedoch »Macht über andere«, eine Machtpraxis, die langfristig verheerend wirkt und nichts mit der persönlichen Macht zu hat, die einer natürlichen Autorität zugrundeliegt.

Entgegen Max Webers Definition gehe ich eher mit Hannah Arendt[3] konform, die Gewalt zu einem Gegensatz von Macht erklärt. Wer Macht hat, braucht keine Gewalt. Nur wo keine Macht vorhanden ist, wird Gewalt als Machtersatz eingesetzt. Nichts kann Grausamkeit, Unbarmherzigkeit und Sadismus so begünstigen wie das Gefühl unzureichender, instabiler oder schwindender Macht. Nicht Macht ist unheilvoll, sondern Ohnmacht. Machtlosigkeit ist die Quelle von Angst, Krankheit und Gewalt. Aggressive und destruktive Verhaltensweisen sind die gegen die Umwelt und Depressionen und psychosomatische Krankheiten die gegen das eigene Selbst gerichteten Reaktionen auf erlebte Ohnmacht und Hilflosigkeit.

Ohnmacht verbittert, erzeugt Rachebedürfnisse, Krankheit und Gewalt; ohnmächtig zu sein ist ein lebens- und glücksfeindlicher Zustand, den wohl kaum jemand bewußt anstrebt. Die Entwicklung von natürlicher Autorität und persönlicher Macht ist notwendig, um sich nicht wie ein Bauer auf dem Schachbrett zu fühlen, der umhergeschoben, benutzt und geopfert wird. Menschen, deren grundsätzliches Lebensgefühl ein Ausgeliefertsein an die Umwelt ist, nennt die Psychologie »external kontrolliert«, im Gegensatz zu Menschen, die empfinden, ihr Leben bestimmen zu können, und die als »internal kontrolliert« bezeichnet werden. Doch auch internal kontrollierte Menschen, also jene, die durchaus das Gefühl von Kompetenz und Einfluß besitzen, arbeiten häufig unbewußt gegen ihren Erfolg und manövrieren sich damit phasenweise in eine selbstproduzierte Ohnmacht. Dieses Sich-selbst-Sabotieren ist sehr viel verbreiteter als man meinen möchte.

Die Entwicklung von natürlicher Autorität ist gleichzusetzen mit dem Erwerben einer Meisterschaft im schöpferischen Gestalten der eigenen angestrebten Wirklichkeit und dem Entdecken und Entfalten sowohl eigener als auch fremder Potentiale. Insofern gelten die Bedingungen und Prozesse, die diese Fähigkeit ermöglichen, für sämtliche Lebensbereiche. Wenn ich mich in diesem Buch vor allem mit der Entwicklung von natürlicher Autorität bei Führungskräften beschäftige, so einfach deshalb, weil mein Interesse zur Zeit besonders der Managementszene gilt und ich infolgedessen den Schwerpunkt meiner beruflichen Tätigkeit von meiner psychotherapeutischen Praxis auf psychologische Managementberatung verlegt habe.

15

Selbstverständlich ist es nicht nur für Führungskräfte notwendig, natürliche Autorität zu entwickeln, wenn sie erfolgreich sein wollen – dasselbe gilt auch für jeden einzelnen in jedweder zwischenmenschlichen Beziehung. Bei Führungskräften, Lehrern und Erziehern besteht allerdings deshalb eine besondere Dringlichkeit zur Entwicklung natürlicher Autorität, weil nicht nur ihr eigener persönlicher Erfolg davon abhängt, sondern die Auswirkungen ihres Verhaltens weitreichende wirtschaftliche und gesellschaftliche Bedeutung haben.

2
Die Macht des Bedürfnisbefriedigers

Man setzt sich nicht durch,
indem man Leute zur Schnecke macht.

Lee Iacocca

Als Peters und Waterman[1] sich auf die Suche nach Spitzenleistungen begaben, stellte sich heraus, daß die erfolgreichen Unternehmen keine klügeren oder sonstwie andersartigen Leute beschäftigen als die nicht erfolgreichen, sondern daß Erfolg auf ein bestimmtes Verhalten zurückzuführen ist. Dieses Verhalten bezieht sich sowohl auf die Kommunikation unter den Mitgliedern innerhalb eines Unternehmens als auch auf die Kommunikation zwischen dem Unternehmen und seiner Umwelt. Die Erkenntnisse und Ausführungen von Peters und Waterman können auf einen einfachen Nenner gebracht werden: Erfolgreiche Unternehmen sind virtuose Bedürfnisbefriediger – für ihre Kunden, aber auch für ihre Mitarbeiter. Daß von den 43 exzellenten Unternehmen vier Jahre später nur noch 14 dieses Prädikat verdienten und 8 sich in größten Schwierigkeiten befanden[2], zeigt, daß es sich bei Exzellenz, Macht und Erfolg um keinen statischen Zustand handelt, der, einmal erreicht, ohne weiteres Zutun aufrechterhalten werden kann. Es geht vielmehr um einen fortwährenden, ständig neu zu gestaltenden Prozeß, der eines aufmerksamen Kontakts mit sich und der Umwelt bedarf, um die sich laufend verändernden Bedingungen und Bedürfnisse wahrnehmen und berücksichtigen zu können.

Und es bedarf eines bewußten Wissens um die Psychologie dieses Prozesses, wenn Spitzenleistungen und Erfolge nicht Zufallsprodukte sein sollen.

Optimale Befriedigung der Kunden führt zu Marktmacht. Beherrscht ein Unternehmen die Kunst der optimalen Bedürfnisbefriedigung, dann bekommt das Unternehmen was es will, nämlich Geld und Treue des Kunden.

Die Bedürfnisbefriedigung des Kunden ist jedoch mit dem Basisprodukt allein – selbst wenn es qualitativ hochwertig ist – längst nicht mehr optimal gegeben. Gertrud Höhler[3] beschreibt den »neuen Kunden« als bedeutend anspruchsvoller. Bestens informiert ist er, schwer ansprechbar, wärmebedürftig und sensibel, begegnungsorientiert, unberechenbar, sprunghaft und generell bindungskritisch. Der Kunde als wärmebedürftiger Souverän möchte in der High-Tech-Welt wie ein Freund behandelt werden: mit Zuwendung und Achtung. Das heißt, um von ihm das zu bekommen, was das Unternehmen haben will, muß es außer dem Basisprodukt erheblich mehr anbieten (siehe Graphik, Seite 19).

Die Regel, daß Macht nur über Bedürfnisbefriedigung zu erreichen ist, gilt natürlich nicht nur dem Kunden gegenüber. Das Prinzip gilt generell. Ob in einer privaten Beziehung, ob als Kunde, Mitarbeiter, Kollege oder Chef – wir wollen unsere Bedürfnisse befriedigt sehen. Werden wir frustriert, dann werden wir in irgendeiner Form, bewußt oder unbewußt, offen oder verdeckt, bockig, und der Frustrierer bekommt ganz sicher nicht, was er möchte.

Das Basisprodukt, das ein Unternehmen dem Mitarbeiter bietet, ist der finanzielle Lohn, also Geld. Die reale Macht des Geldes ist unbestritten – mit Geld lassen sich viele der menschlichen Grundbedürfnisse befriedigen. Bei Geld geht es nicht nur um seinen materiellen Tauschwert, sondern um seinen Symbolgehalt als potentiellen, vermeintlich universellen Bedürfnisbe-

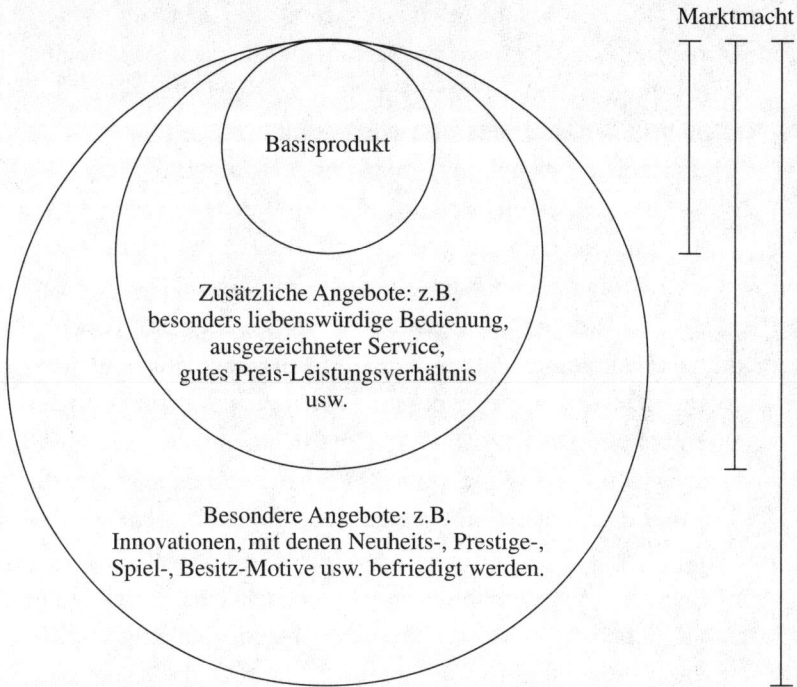

Marktmacht

Basisprodukt

Zusätzliche Angebote: z.B.
besonders liebenswürdige Bedienung,
ausgezeichneter Service,
gutes Preis-Leistungsverhältnis
usw.

Besondere Angebote: z.B.
Innovationen, mit denen Neuheits-, Prestige-,
Spiel-, Besitz-Motive usw. befriedigt werden.

© Evelyn Kroschel

friediger. Geld ist somit mehr als ein wirtschaftliches Symbol, es ist ein enormer sozialer und psychologischer Faktor. Die psychologische Bedeutung des Geldes reicht weit über seine wirtschaftliche hinaus, was Yablonsky folgendermaßen ausdrückt: »Geld bedeutet Freiheit; es befreit vom Elend und erschließt breitere Wahlmöglichkeiten.«[4] Zur rationalen Bewertung des Geldes als reales Mittel zur Bedürfnisbefriedigung tritt also die emotionale und oft irrationale Bewertung. Dabei wird Geld zum Symbol für Sicherheit, Wertschätzung, Liebe, Glück usw. Eine derartige breite Verschiebung von direkter zwischenmenschlicher Bedürfnisbefriedigung auf die Symbolebene Geld hat natürlich fatale Konsequenzen. Abgesehen davon, daß die verfügbare Geldmenge endlich ist und nicht beliebig erhöht werden kann, dürfte doch auch vielen Menschen die Erfahrung zuteil geworden sein, daß der Wert des Geldes als Glücksbringer höchst labil und unzureichend ist und Freude und Zufriedenheit in den wenigsten Fällen mit Geld erreichbar sind.

Genauso wie ein Unternehmen seinen Kunden mehr bieten muß als nur das Basisprodukt, um größere Marktmacht zu erreichen, muß ein Unternehmen seinen Mitarbeitern mehr bieten als nur den finanziellen Lohn, wenn es als Gegenleistung z.B. innovatives Handeln und höchste Leistungsbereitschaft (Gerken nennt dies Handlungsleidenschaft[5], d.h. die sinnhafte und lustvolle Bereitschaft, seine Energien in den Arbeitsprozeß einzubringen) bekommen will. Daß ein Unternehmen dabei allerdings nicht auf die platten sogenannten Motivierungsmaßnahmen zurückgreifen darf, hat schon Sprenger in *Mythos Motivation* hinreichend dargestellt.[6] Die gegenüberliegende Graphik soll verdeutlichen, daß die psychologischen Prozesse bei der Entwicklung von natürlicher Autorität und Führungsmacht denjenigen gleichen, die auch die Entwicklung von Marktmacht bestimmen (siehe Graphik, Seite 21).

Um bei Mitarbeitern das Potential an Kreativität und Leistungsfreude zu einem Höchstmaß zu entwickeln, bedarf es einer besonderen Machtpraxis der Führungskräfte. Diese Art von Macht hat wenig zu tun mit der formalen Macht, die jemand aufgrund seiner Position in einer Hierarchie hat. Jemand mit formaler Macht kann zwar anordnen und Befehle erteilen, ob er damit aber in letzter Konsequenz das erreicht, was er will, mag dahingestellt bleiben. Daß ein Befehl ausgeführt wird, bedeutet noch lange nicht, daß sich der gewünschte Erfolg einstellt; meist ist das »Wie« der Ausführung von ganz entscheidender Bedeutung – von den subtilen Formen des Unterlaufens von Anordnungen ganz zu schweigen.

Merkwürdigerweise wird dies häufig nicht beachtet. Viele Führungskräfte (und nicht nur Führungskräfte) neigen dazu,

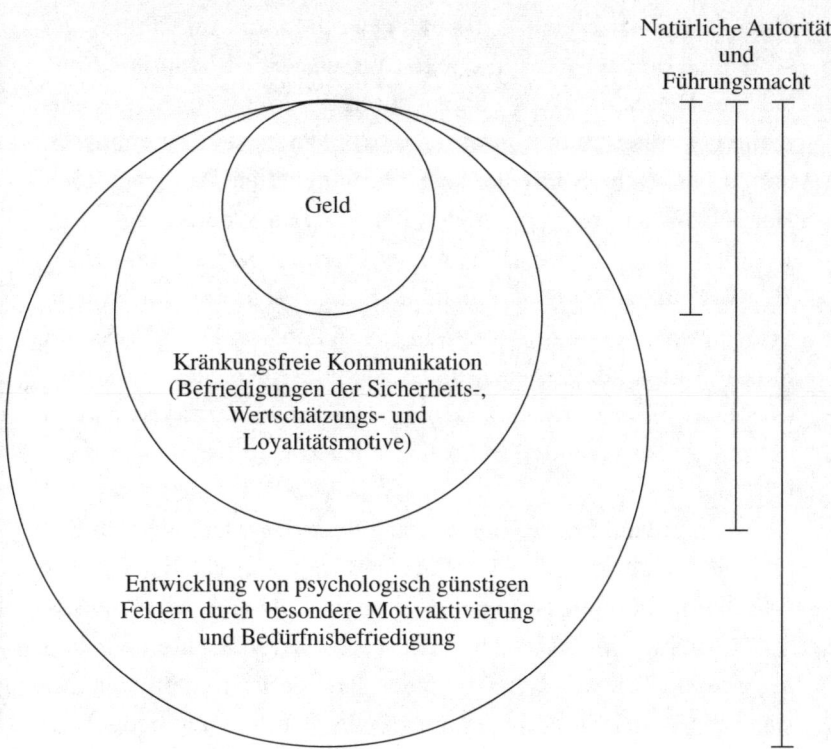

Natürliche Autorität
und
Führungsmacht

Geld

Kränkungsfreie Kommunikation
(Befriedigungen der Sicherheits-,
Wertschätzungs- und
Loyalitätsmotive)

Entwicklung von psychologisch günstigen
Feldern durch besondere Motivaktivierung
und Bedürfnisbefriedigung

Macht auf der Basis des »gesunden Menschenverstandes« aus-
zuüben, indem sie sich auf ihre hierarchische Macht verlassen.
Wenn diese Macht eine Erfolgsgarantie wäre, dürfte es eigentlich
nur Spitzenleistungen geben! Doch wie Lindgren[7] deutlich belegt,
ist der »gesunde Menschenverstand« alles andere als eine un-
fehlbare Basis für Entscheidungen und für die Voraussage
menschlichen Verhaltens. Gewöhnlich wird mit »gesunder Menschenverstand« die durch reife Erfahrung gewonnene Informa-
tionsmenge bezeichnet, die relativ unflexibel ist und Anspruch
auf Objektivität erhebt. Es wurde dafür der Begriff »konventionelles Wissen« geprägt. Konventionelles Wissen tendiert jedoch

dazu, länger zu bestehen als die Tatsachen, die es schufen. So besagte z.B. das konventionelle Wissen des 18. Jahrhunderts, daß der Reichtum eines Landes durch die Menge der angesammelten Goldbarren bestimmt sei, obwohl zu dieser Zeit englische und holländische Kaufleute längst gezeigt hatten, daß man durch Handelsfreiheit reich werden konnte. Dementsprechend stieß Adam Smith mit der Beschreibung der Prinzipien des freien Handels auf Spott und Ablehnung, weil sein Denkansatz im Widerspruch stand zu dem, was jedermann »wußte«. Nachdem Smiths Vorstellungen nach und nach selbst den Status konventionellen Wissens erlangt hatten, wurden sie wiederum auch dann verteidigt, als veränderte Umstände ganz neue Denkansätze erforderten.

Das konventionelle Wissen, auf dem das Machtverständnis und die Machtpraxis vieler Führungskräfte beruht, ist geprägt vom Wertschöpfungssystem des Industriezeitalters. Arbeitskräfte in der Massenproduktion werden als beliebig austauschbar und nicht als individuell wertvoll angesehen, und ihr seelischer Zustand wird als für das Unternehmen unerheblich betrachtet. Obwohl auch das ein sehr trügerisches Wissen ist – denn die Produktionsleistung und die krankheitsbedingten Fehlzeiten beruhen zum größten Teil sehr wohl auf dem seelischen Zustand der Arbeitnehmer –, sind hier die alten Machtpraktiken (Zwang, Angstmachen, Demütigungen) nicht so offensichtlich erfolgsverhindernd als im Informationszeitalter. Im Informationszeitalter jedoch, in dem die Wertschöpfung vor allem auf den Ideen in den Köpfen der Mitarbeiter und auf der schnellen Verbreitung und Verarbeitung von Informationen beruht, macht es für das Unternehmen einen überlebensentscheidenden Unterschied, ob der Mitarbeiter zufrieden oder frustriert ist. Zum einen lassen sich Innovationen und Spitzenleistungen nicht erzwingen, zum anderen sind die Verweigerungsmechanismen sehr subtil und verschleierbar und zeigen sich nur am späteren Mißerfolg der

Führungskraft bzw. des Unternehmens. Die sogenannte Legitimationsmacht, die Macht aufgrund einer Position, wird damit fast unbemerkt aus den Angeln gehoben. *Macht hat nur noch derjenige, der dank seines Wissens und höchster sozialer Kompetenz natürliche Autorität entfalten kann.*

Ganz abgesehen vom persönlichen Gewinn, den die Entwicklung einer natürlichen Autorität und der damit verbundenen persönlichen Macht bedeutet, ist es in Anbetracht der sich abzeichnenden rasanten Veränderungen in den beruflichen, wirtschaftlichen und politischen Bereichen geradezu unverzichtbar, sich damit auseinanderzusetzen.

An der Schwelle zu einem neuen Jahrtausend zeichnet sich ein radikaler gesellschaftlicher Wandel ab. Mit dem Zusammenbrechen der alten, hierarchischen Machtkonzepte, wie wir es beim Fall der sozialistischen und kommunistischen Staatensysteme gerade erlebt haben, aber auch angesichts der Krise der objektivistischen Wissenschaft sowie der Krise unserer Risikozivilisation insgesamt, stehen wir vor der spannenden Herausforderung, unser gesamtes gesellschaftliches System sozialökologisch zu modernisieren. Wenn wir den überall zu beobachtenden Rückfall in archaische Konfliktbewältigungsmuster verhindern wollen, dann müssen wir zu völlig neuen Formen des Umgangs mit uns und unserer sozialen und ökologischen Mitwelt kommen.

Alvin Tofflers breit angelegte Schau der weltweiten Entwicklungstrends weist auf ein »Machtbeben« globalen Ausmaßes hin.[8] Dieses Machtbeben ist vor allem auf den radikalen Wandel der Wirtschaft zurückzuführen. Wurde in der vorindustriellen Agrargesellschaft Wert vor allem aus der Bearbeitung von Grund und Boden geschöpft, so trat in der sogenannten Schornsteinwirtschaft die kapital- und materialintensive Nutzung von Maschinen sowie die extensive Ausbeutung von Menschen ins Zentrum. Nach Toffler befinden wir uns zur Zeit im Übergang von der Schornsteinwirtschaft zur »Supersymbolwirtschaft«, die mit der Ausbildung eines völlig veränderten Wertschöpfungssystems und einer radikalen Veränderung der Arbeit einhergeht. Dieses neue Wertschöpfungssystem ist voll und ganz auf die sofortige Verbreitung und intelligente Verarbeitung von Daten, Symbolen und Ideen angewiesen. Auf dem Weg von der schlot- zur computerzentrierten Wirtschaft ergeben sich massive Machtverlagerungen. War die Schlotwirtschaft durch ein System der unpersönlichen Massenproduktion mit anonymisierten, auswechselbaren Arbeitskräften charakterisiert, so entsteht in der Symbolwirtschaft ein neues System, in dem die Arbeit von schwer auswechselbaren, hochprofessionellen Teams mit umfassenden Kenntnissen und Fähigkeiten in den Mittelpunkt tritt.

Der Kern des hinter dieser Veränderung der Arbeit stehenden neuen Wertschöpfungssystems besteht in der zentralen Rolle des Wissens. Anstelle von vergleichsweise einfachen Handgriffen und Arbeitsabläufen, die immer mehr automatisiert oder in Billiglohnländer verlagert werden, wird Wert nun aus der intelligenten Verknüpfung von Erfahrungen, Daten, Informationen und Wissen geschöpft. Damit werden Kommunikations-, Kooperations- und Selbstorganisationsfähigkeit zu zentralen Schlüsselqualifikationen. Da die Wertschöpfung immer stärker in der optimalen Koordinierung der individuellen Ressourcen im Team stattfindet, braucht es dazu selbständig, verantwortungsbewußt und ideenreich handelnde Mitarbeiter. Die Anforderungen an die fachliche, kommunikative und kreative Kompetenz der sich permanent zu qualifizierenden Stammbelegschaft steigen – bis hin zur Entwicklung einer »learning company«, einer sich selbst regulierenden, lernwilligen und lernfähigen Organisation. Damit einhergehend entsteht die Notwendigkeit, sowohl die individuellen Potentiale der Mitarbeiter optimal zu entfalten und zu nutzen als auch sie synergetisch miteinander zu verbinden.

Obwohl der Begriff der Wertschöpfung als Wissensschöpfung überall auftaucht und benutzt wird, wird dem Prozeß, wie Wissensschöpfung entsteht und wie er zu handhaben ist, wenig Aufmerksamkeit geschenkt. Ikujiro Nonaka bezeichnet Innovationsmanagement als einen Prozeß der Wissensschöpfung, bei dem es darum geht, implizites Wissen in explizites Wissen umzuwandeln und darüber hinaus ein Netzwerk neuer Bedeutungen zu erzeugen.[9] Persönliches Wissen mit anderen zu teilen, damit es sich zu völlig neuen Gestalten formieren kann spielt eine Schlüsselrolle für die Überlebens- und Wachstumsfähigkeit einer Organisation. Die dabei stattfindende Kommunikation darf jedoch nicht aufgefaßt werden als eine mechanistische Nachrichtenübermittlung vom Sender zum Empfänger oder als ein aufeinanderfolgender Informationsaustausch zwischen Personen. Sie bedeutet vielmehr ein gleichzeitiges Teilhaben an vorhandenen Informationen, die aus Sachaspekten, Bedeutungen, Empfindungen, Impulsen und Emotionen bestehen. Im Verlauf einer Kommunikation tritt immer ein beträchtliches Ausmaß an Mehrdeutigkeit auf. Sie entsteht dadurch, daß eine Information immer aus einem persönlichen spezifischen Hintergrund und Umfeld heraus mitgeteilt und die Bedeutung dieser Information von den Kommunikationspartnern unterschiedlich interpretiert wird, je nach individuellem Hintergrund, Blickwinkel und gegenwärtiger Gemütsverfassung.

In einem psychologisch ungünstigen Umfeld wird dieser Zustand der Mehrdeutigkeit leicht als bedrohliches Chaos und persönlicher Angriff erlebt, und in der Folge davon werden produktivitäts- und kreativitätshemmende Abwehrmechanismen entwickelt. Diese Abwehrmechanismen sind unterschiedlichster Art. Sie reichen von individuellen Symptomen, wie Ärger, Angst, schnelle Ermüdung, Schlafstörungen und Krankheit, bis hin zu interpersonellen Reaktionen, wie Aggressionen, Nicht-mehr-Zuhören, geschickte Informationsverfälschung oder Unterschlagung von Informationen sowie generelles Verweigern von Informationsaustausch.

»Ich sage hier gar nichts mehr. Denn ist es etwas lediglich Angedachtes, dann fallen die anderen über einen her, als wäre man das letzte; und ist es etwas, was gut ist, dann kann ich gar nicht so schnell schauen, wie sich plötzlich ein anderer damit großtut und es als seine Idee verkauft. Ich mache hier nur noch meinen Dienst nach Vorschrift.« Diese Aussage stammt von einem Facharbeiter eines Produktionswerkes, das sich seit Jahren in den roten Zahlen befindet und dringend einen Innovationsschub benötigen würde. Eine Analyse des Betriebsklimas und der Kommunikation zeigte, daß die Aussage des Facharbeiters beileibe keine Einzelreaktion war, sondern die allgemeine Atmosphäre spiegelte, während zugleich deutlich wurde, daß es nicht an Ideen mangelte – nur wurden diese aufgrund der Atmosphäre kaum kommuniziert und schon gar nicht synergetisiert.

In einem psychologisch günstigen Umfeld, d.h. in einer Atmosphäre, in der ein grundsätzliches Wohlwollen herrscht und der einzelne sich anerkannt und akzeptiert fühlt, wird das durch die Mehrdeutigkeit von Informationen erzeugte Chaos zur Hauptquelle der Wissensschöpfung. Für eine solche Atmosphäre, in der die Mehrdeutigkeiten nicht in Verwirrung oder – in der Gegenbewegung – in Erstarrung münden, sondern sich in Form von Innovation und Leistungssteigerung neu ordnen, ist eine entsprechende Kommunikationsfähigkeit und Machtpraxis die Voraussetzung.

Um solche günstigen Felder zu erzeugen, in denen Zukunft erfunden wird, in denen sich das bisher noch nicht Denkbare entwickeln kann, ist es notwendig, neben den Fähigkeiten des kausal-linearen Denkens (dazu gehören Rationalität, Strategien, Ziele und Visionen) die Fähigkeit des sechsten Sinns zu entwickeln und einzusetzen, d.h. die Wahrnehmung auf die unsichtbaren Kräfte und Prozesse, die in allem Geschehen und Handeln wirken, zu konzentrieren. Für die Entwicklung dieser Fähigkeit ist die Qualität der Wahrnehmung und die Offenheit für Irrationalität und Paradoxien wichtiger als die Fähigkeit zu logischem, rationalem und strategischem Denken.

In unserer westlichen Kultur wurde die Entwicklung dieser intuitiven Fähigkeiten bislang nicht gefördert, in den asiatischen Kulturen hingegen wird gerade diesen Qualitäten von jeher ein Vorrang eingeräumt.

Europäische Kultur

YIN 陰	
Monotheistische	Polytheistischer
Verabsolutierung	Relativismus
Funktionale Atomisierung	Network Based Holismus
Individualistische Leistung	Gruppensolidarität
Revolutionäre Dramatik	Evolutionäre Lyrik
Extrovertiertes Selbstbewußtsein	Introvertiertes Selbstvertrauen
Experiemente durch Try & Error	Treffsicherheit durch Übungen
Konfliktfähigkeit	Harmoniefähigkeit
Jugenddynamik	Seniorität
Wort	Tat
Technik-Fixiertheit	Menschenorientiertheit
Legalitäre Sanktion	Soziale Sanktion
Analytische Rechtfertigung	Sinnhafte Überzeugung
Rationalität	Intuition
Lineare Logik	Non-lineare Logik
YANG 陽	

Asiatische Kultur

27

Tzöel Zae Chung[10] ordnet in seiner Graphik zur Darstellung dieser Unterschiede der vorrangigen Werte der europäischen und asiatischen Kulturen die einzelnen Phänomene den Yang- und Yin-Energien der taoistischen Philosophie zu. Yang bezeichnet das männliche, schöpferische, aktive, rationale Prinzip, Yin das weibliche, empfangende, hingebende, intuitive Prinzip. Yin und Yang sind gegensätzliche Prinzipien, die sich idealerweise jedoch nicht bekämpfen, sondern ergänzen.[11] Es darf also nicht darum gehen, das eine durch das andere zu ersetzen, sondern darum, zu unseren besonders geförderten rationalen und linear-logischen Yang-Fähigkeiten die bisher vernachlässigten intuitiven, psychologischen Yin-Fähigkeiten auszubilden, die für das Umgehen mit irrationalen und komplexen Zusammenhängen notwendig sind.

Führungskräfte, die sich nicht allein auf ihre hierarchische Machtausübung und die damit verbundenen rationalen und strategischen Fähigkeiten verlassen, sondern durch die Entwicklung ihrer intuitiven Potentiale ihre persönliche Macht entfalten, werden häufig als charismatische Persönlichkeiten erlebt. Dieses Charisma, das z.B. bewirkt, daß die Leute für einen »durchs Feuer gehen«, ist keineswegs eine angeborene Eigenschaft, sondern eine besondere Form von sozialer Kompetenz, eine spezielle Art von Machtpraxis, die als natürliche Autorität erlebt wird.

Ein Beispiel für eine solche Machtpraxis scheint Lee Iacocca zu sein. Er gilt weltweit als legendärer Wirtschaftsheld, weil er den Automobilkonzern Chrysler nicht nur vor dem drohenden Konkurs bewahrte, sondern das todkranke Unternehmen zu einem der erfolgreichsten Großbetriebe entwickelte, das dann sogar in Zeiten, als Ford und General Motors die großen Einbrüche aufgrund der japanischen Konkurrenz erlebten, Gewinnsteigerungen verzeichnen konnte. Als er als Redner zu einer Gewerkschaftsversammlung kam und aus dem Auto stieg, bereiteten ihm die 4000 anwesenden Arbeiter minutenlange Ovationen, jubelten ihm als geliebten und verehrten Chef zu. Wieviel zu seinem

Erfolg seine besondere Art der Menschenführung beitrug, läßt seine Autobiographie erkennen:

»Weil ich am Anfang meiner Laufbahn unmittelbar mit den Händlern zu tun hatte, wußte ich, was sie wert sind. Später, als ich in die Geschäftsleitung aufstieg, war ich sehr darauf bedacht, sie zufriedenzustellen.«[12]

»Oder nehmen Sie meine eigene Karriere. Ich kenne viele Leute, die klüger sind als ich und die viel mehr über Autos wissen. Trotzdem bin ich an allen vorbeigezogen. Warum? Weil ich brutal bin? Nein. Man setzt sich nicht durch, indem man Leute zur Schnecke macht.«[13]

»... und nicht zu hart sein, wenn einer am Boden liegt. Wenn ein Mitarbeiter über seinen eigenen Mißerfolg bestürzt ist, dann riskiert man, ihn tief zu verletzen und ihm den Antrieb zu nehmen, sich zu bessern.«[14]

»Es besteht ein Riesenunterschied zwischen einem starken Ich, das ganz wesentlich ist, und einem aufgeblähten Ich, das zerstörerisch sein kann. ... Der Mann mit einem aufgeblähten Ich ... redet mit seinen Untergebenen von oben herab.«[15]

Die Zitate belegen, daß Iacocca offenbar die Fähigkeit, für andere ein Bedürfnisbefriediger zu sein, hervorragend entwickelt hat. Zum einen weiß er, welch verheerende Wirkungen ein kränkendes Verhalten hat und wie wichtig es ist, die Gefühle und Bedürfnisse des Gegenüber zu berücksichtigen. Zum anderen hat er offenbar eine ausgezeichnete Wahrnehmungsfähigkeit bezüglich der Motivstruktur seiner Mitarbeiter und Geschäftspartner.

Die Selbstbildung zu einer sozialen Persönlichkeit setzt ein entsprechendes soziales Umfeld voraus. Die Begabung, eigene Emotionen und Bedürfnisse wahrzunehmen und die ausgeprägte Fähigkeit, fremde Emotionen und Bedürfnisse zu erkennen, werden vor allem entwickelt, wenn diese Eigenschaften ausreichend von der Umwelt gespiegelt werden. Wir Menschen sind weitgehend (wenn auch nicht ausschließlich) Geschöpfe unserer sozialen Welt, in der wir leben. Wir entfalten unser Selbst im Kontakt mit dem »Du«, das uns spiegelt und uns damit vermittelt, wer und was wir sind. Die Rede vom Selbstbewußtsein, das sich aus sich selbst erschaffen soll, ist barer Unsinn. Nur in der Beziehung zum Du entwickelt ein Mensch fortwährend sein Selbstbild. Kann ein Selbst sich nicht mehr spiegeln, wird es zunehmend unerkennbar; dieses Nicht-mehr-erkennen-Können, wer man eigentlich ist, führt zu schweren psychischen Krankheitsbildern bis zum Selbstverlust. (Das ist übrigens auch der Sinn der Isolationsfolter, die bekanntermaßen die Selbstidentität zerstört.)

Insofern ist es von eminenter Bedeutung, welcher Art die Spiegelungen sind, denen das eigene Selbst ausgesetzt ist. Und ebenso ist es natürlich von zentraler Bedeutung, welchen Spiegel man selbst einem anderen bietet. Ich kann für jemanden ein negativer Spiegel sein, wenn ich ihm vor allem seine Fehler, Unzulänglichkeiten und negativen Seiten rückmelde. Oder ich kann ein positiver Spiegel sein, wenn ich hauptsächlich seine Vorzüge und gelungenen Verhaltensweisen kommuniziere.

Aufschlußreich sind in diesem Zusammenhang einige Zeilen, in denen Iacocca die beiden Männer erwähnt, die den größten Einfluß auf sein Leben ausübten. Bezeichnenderweise beschreiben die jeweils wenigen Sätze eine ganz grundlegende Einstellung, die für die Entwicklung der Fähigkeit zu konstruktiver Machtentfaltung höchst bedeutsam ist. Als ihn prägendste Person nennt Iacocca seinen Vater: »Immer wenn es in unserer Familie hart auf hart ging, war es mein Vater, der uns Mut machte. Was immer passierte, er war stets für uns da. ... Seine Lieblingsmaxime war, daß das Leben seine Höhen und Tiefen habe und daß jeder Mensch mit seinem eigenen Bündel an Problemen fertigwerden müsse. ›Du mußt dich im Leben mit ein bißchen Kummer abfinden‹, sagte er zu mir, wenn ich bedrückt war wegen einer schlechten Note in der Schule oder irgendeiner anderen Enttäuschung. ›Du wirst nie wirklich wissen, was Glück ist, wenn Du nichts hast, womit du es vergleichen kannst.‹ Andererseits konnte er keinen von uns unglücklich sehen und versuchte immer, uns aufzuheitern. Sooft ich mir über etwas Sorgen machte, sagte er: ›Sag mir, Lido, worüber hast du dich vorigen Monat so aufgeregt? Oder letztes Jahr? Siehst du, du weißt es nicht einmal mehr! Und darum ist vielleicht auch das, was dir heute so zu schaffen macht, in Wirklichkeit gar nicht so schlimm.‹... Ein absoluter Tick von ihm war, daß man in allem, was man tat, sein Bestes zu geben hatte. Wenn wir in ein Restaurant gingen und die Kellnerin unhöflich war, dann rief er sie nach dem Essen zu sich und verpaßte ihr seine übliche Standpauke: ›Warum sind Sie so unglücklich in diesem Job? Zwingt Sie jemand, Kellnerin zu sein? Wenn Sie unfreundlich sind, dann signalisieren Sie allen, daß Ihnen die Arbeit keinen Spaß macht. Wir wollen uns gut unterhalten, und Sie vermiesen uns die Stimmung. Wenn Sie wirklich Kellnerin sein wollen, dann sollten Sie daran arbeiten, die verdammt noch mal beste Kellnerin der Welt zu sein. Wenn nicht, suchen sie sich einen anderen Beruf.‹ In seinen eigenen Restaurants pflegte er jeden Angestellten sofort zu feuern, der zu einem Kunden unhöflich war. Er sagte zu dem Betreffenden: ›Sie können hier nicht arbeiten, ganz egal wie gut Sie sind, weil Sie die Kunden verscheuchen.‹ Das traf den Kern der Sache, und ich glaube, ich bin genauso. Ich finde immer noch, daß auch das größte Talent keine Entschuldigung für bewußte Grobheit ist.«[16]

Der andere sehr prägende Mensch für Iacocca war Charlie Beacham, sein Chef und Mentor während seiner Berufsanfängerjahre: »Er verstand es hervorragend, einen zu motivieren – ein Mann, für den man bereit war, eine Anhöhe zu stürmen, obwohl man wußte, daß es einen Kopf und Kragen kosten konnte. Er hatte die seltene Gabe, gleichzeitig streng und großzügig zu sein. ... Er akzeptierte Fehler, solange man die Verantwortung dafür übernahm.«[17]

Sowohl Iacocca selbst als auch seine beiden Vorbilder zeichnen sich aus als exzellente Bedürfnisbefriediger mit hoher Wahrnehmungs- und Kontaktfähigkeit. Sie alle nehmen die Gefühle des Gegenübers wichtig, geben also Wertschätzung, Anerkennung und Trost und vermitteln zugleich, daß Fehler zum Leben gehören, ohne daß deswegen die Person und ihre Fähigkeiten in Zweifel gezogen werden. Darüber hinaus scheinen sie genau das zu verwirklichen, was Iacocca als die seltene Gabe, gleichzeitig streng und großzügig sein zu können, bezeichnet – nämlich die ausgewogene Integration von gegensätzlichen Verhaltensweisen: von Härte und Nachgiebigkeit, von Schärfe und Sanftheit.

Die Zusammenschau aller Indizien weisen Lee Iacocca somit als Mann aus, der seinen außergewöhnlichen Erfolg vor allem seiner gelungenen Entfaltung einer natürlichen Autorität, die sich in einer konstruktiven Machtpraxis ausdrückt, verdankt. Diese Art von Machtpraxis kann alle vorhandenen Energien auf ein gemeinsames Ziel hin bündeln und damit ein Synergiefeld schaffen, das alle vorhandenen Potentiale nicht nur optimal nutzt, sondern gerade durch die Synergie zu ganz neuen und unerwarteten Kräften entwickelt.

Iacocca schildert eindrücklich, wie er seine soziale Kompetenz und sein psychologisches Wissen einsetzte: »Neben all den technischen und wirtschaftlichen Fächern studierte ich in Lehigh auch vier Jahre Psychologie. Ich scherze nicht, wenn ich sage, daß dies wahrscheinlich die wertvollsten Kenntnisse waren, die ich an der Universität erwarb. ... Im Mittelpunkt dieser Lehrveranstaltungen standen nicht mehr und nicht weniger als die Antriebskräfte menschlichen Verhaltens. Was motiviert diesen Mann? Was treibt Sammy an? Was veranlaßt Joe, sich im Alter von fünfzig Jahren wie ein Halbwüchsiger zu benehmen? ... Unsere Aufgabe bestand darin, von jedem innerhalb weniger Minuten eine diagnostische Analyse zu machen. Dank dieser Schulung lernte ich, Menschen ziemlich rasch richtig einzuschätzen.«[18]

3
Spiegel, Perle und Schwert

Die Verwirklichung der japanischen Machtsymbole im Management

Wenn Du die anderen kennst und Dich selbst,
mußt Du auch hundert Kämpfe nicht fürchten.
Wenn Du Dich selbst kennst aber die anderen nicht,
wirst Du für jeden Sieg auch eine Niederlage erleiden.
Wenn Du weder die anderen kennst
noch Dich selbst,
wirst Du in jedem Kampf unterliegen.

Sun Tzu, 500 v.Chr.

Die gleiche Einstellung und Haltung, wie sie in Iacoccas Führungsstil sichtbar werden, finden wir in der Machtpraxis des japanischen Managements. Vielleicht ist es gerade dieser von der westlichen Praxis normalerweise sehr verschiedene Machtstil, der entscheidend für den japanischen Erfolg verantwortlich war. »Wir erkennen fast widerwillig und mit Groll auf uns selbst das Vorhandensein einer moralischen Kraft an, die fähig zu sein scheint, das gesamte Verhalten eines Volkes zu bestimmen und zu lenken und die nicht nur eine Kaste, sondern eine Nation, vom Höchsten bis zum Niedrigsten, zu Taten inspiriert, die unter den berühmtesten in Geschichte und Legende einen Platz verdienen. Wir wüßten gern, was diese Kraft ist, woher sie kommt und was sie bedeutet; die Tatsache ihres Daseins stimmt uns eifersüchtig, unbehaglich und fast ärgerlich.«[1] Diese Worte stammen nicht aus dem Munde eines westlichen Managers, sondern sind nach dem entscheidenden Sieg Japans über das zaristische

Rußland 1904 von Alfred Stead, einem der einflußreichsten englischen Kriegsberichterstatter jener Zeit geschrieben worden. Japan wurde zu dieser Zeit allmählich als eine politische Größe erster Ordnung anerkannt, die imstande war, das Schicksal der westlichen Nationen zu beeinflussen.

Schon damals sah man die Notwendigkeit, geistige Anstrengungen zu unternehmen, den wahren Charakter des japanischen Erfolgs zu ergründen. Und schon damals waren die Reaktionen eifersüchtig und ärgerlich. Die gleichen Empfindlichkeiten und Aversionen sind auch heute beobachtbar. Noch bevor das Wesen des japanischen Managements und die ihm zugrundeliegende Machtpraxis verstanden wurde, gefallen sich in der letzten Zeit viele westliche Autoren und Journalisten im hämischen Erkennen des Niedergangs des japanischen Erfolgs. Sie beschwören die alten klassischen Strategien und Tugenden der Amerikaner und Europäer und betonen, daß den Japanern ja nichts weiter gelungen sei, als ihre Mitarbeiterinnen und Mitarbeiter dazu zu bringen, ständig mehr und Besseres zu produzieren, die Ideen, die die Manager einbringen müßten, selber zu haben und dann treu und brav und bescheiden ihre Arbeit zu tun. Und daß die ganze Kunst lediglich in der totalen Vereinnahmung und der sanften, aber lebenslangen Ausbeutung durch die »Familienfirma«, der man auf Gedeih und Verderb ausgeliefert ist, liege.

Entgegen besseren Wissens erstaunt es mich immer wieder, wie verwegen Tatsachen manipuliert, verfälscht, aus dem richtigen Kontext gerissen oder schlichtweg uminterpretiert werden, um der Selbstachtung abträgliche Phänomene zu verleugnen, zu vertuschen oder zumindest zu diskreditieren. So wird dann flugs aus dem konsensfähigen Japaner ein treudummer Konformist, aus dem kreativen und produktiven Mitarbeiter ein ausgebeuteter Sklave, und der Managementstil, seine Mitarbeiter nicht nur Anordnungen ausführen zu lassen, sondern verantwortlich mitdenken und -entscheiden zu lassen, wird zur Mega-Ausbeutung der intellektuellen Ressourcen erklärt. Und schon ist das Weltbild wieder in Ordnung, das durch den Erfolg der Japaner so unliebsam ins Wanken geraten war. Für derartige Beurteilungen von japanischem Fühlen, Denken und Handeln gilt offenbar noch das Gleiche, was Voltaire 1754 in bezug auf China sagte, nämlich, daß wir im Westen die Rituale der Chinesen deswegen falsch einschätzten, weil wir aufgrund der Vorurteile unseres herrschsüchtigen Geistes glaubten, ihre Gebräuche nach den unsrigen bewerten zu können.

Da wir Menschen dazu neigen, eher Dinge zu tun, die wir bereits beherrschen, anstatt jene Dinge, die uns fremd sind, konzentrieren sich die westlichen Bemühungen bei der Einführung japanischer Erfolgskonzepte häufig vor allem auf die Strategien und Methoden. Alles insgesamt sicher sehr erfolgreiche Vorgehensweisen – nur sind sie allein für sich genommen nur ein kleiner bzw. sekundärer Teil der produktiven und kreativen Kraft. Der weitaus gewichtigere Teil des japanischen Erfolgs besteht aus psychologischen Faktoren. So betont Masaaki Imai immer wieder, wie das japanische Management die prozeßorientierten Bemühungen der Mitarbeiter unterstützt und anerkennt; und er weist darauf hin, in welch krassem Widerspruch dies zur westlichen Managementpraxis steht. »Es wäre dringend notwendig, daß sich westliche Manager einen Stil im Umgang mit Kollegen und Arbeitern aneignen, der diese stärker unterstützt.«[2] Was Imai mit »Stil« meint, ist die Art des praktizierten Machtstils. So bestechend die Methoden der sogenannten lean production[3] nämlich auch sind, die tragende Kraft, die diese Methoden so erfolgreich sein läßt, ist die japanische Machtpraxis, die sich fundamental von der vorherrschenden westlichen Machtpraxis unterscheidet.

Es ist übrigens interessant, in diesem Zusammenhang einmal den unterschiedlichen Umgang mit den Kräften in zwei typischen Sportarten zu betrachten, dem japanischen Judo und dem amerikanischen Football. Während beim american football (nicht zu verwechseln mit dem bei uns gespielten Fußball) mit brachialer Kraft gegen die gegnerische Front angestürmt wird, lenkt der Judokämpfer die Energie des Gegners, indem er sie mit eleganten Bewegungen ins Leere stürzen läßt bzw. sie für sich nutzt. So ist die Schulung in japanischen Kampfsportarten immer auch eine Schulung in Wahrnehmungsfähigkeit und geschickter Lenkung fremder Energien – eine Schulung, die auch für die japanische Machtpraxis von höchster Bedeutung ist (wohingegen die westliche Machtpraxis in der Regel eher dem american football ähnelt).

Japanische Managementschulung ist immer auch eine Schulung in Wahrnehmung und geschickter Lenkung eigener und fremder Energien – sie ist eine psychologische Schulung der persönlichen Macht und Autorität. Dabei geht es ständig um diese Fragen: Was will ich? (Ziele), Warum will ich es? (Analyse der eigenen Motive mit eventueller Zieländerung), Was kann ich? (eigene Fähigkeiten), Was wollen die anderen? (Analyse der fremden Motive), Was können die anderen? (Analyse der fremden Fähigkeiten), Wie kann ich das, was ich will, am effizientesten erreichen? (Kräftefeldanalyse) Betrachtet man diese Fragen genauer, dann wird erkennbar, daß sich darin genau ein Lehrsatz des berühmten chinesischen Kriegsführers Sun Tzu spiegelt, der in japanischen Elitekreisen höchstes Ansehen genießt: »Wenn Du die anderen kennst und Dich selbst, mußt Du auch hundert Kämpfe nicht fürchten. Wenn Du Dich selbst kennst aber die anderen nicht, wirst Du für jeden Sieg auch eine Niederlage erleiden. Wenn Du weder die anderen kennst noch Dich selbst, wirst Du in jedem Kampf unterliegen.«[4]

Die Wurzeln für die herausragende Bedeutung von Selbsterkenntnis, Erkenntnis und Achtung fremder Wirklichkeiten und Kräftefeldanalyse im japanischen Machtstil finden sich in der japanischen Mythologie. Die Urreligion der Japaner ist der

Shintoismus. Anders als im Westen, wo die alten Götter der Germanen, Griechen und Römer nicht mehr im religiösen und alltäglichen Bewußtsein vorhanden sind, haben in Japan trotz der massiven Einflüsse durch Taoismus, Buddhismus und Konfuzianismus die alten shintoistischen Naturgottheiten ihre lebendige Bedeutung behalten.

Der gelebte Shintoismus ist nicht die Befolgung eines festgesetzten Sittenkodex, sondern ein Leben in Dankbarkeit und Ehrfurcht inmitten der Geheimnisse der Dinge. Ein Shinto-Ritus läßt sich definieren als ein Anlaß zur Erkenntnis und Beschwörung eines heiligen Schauders, der einem Dankbarkeit gegenüber dem Ursprung und Wesen des Daseins einflößt. Als solcher ist er Kunst (Musik, Gartenbau, Architektur, Tanz usw.) und wendet sich somit an das Empfinden – nicht an das Denkvermögen. Im tiefsten Sinne ist der Shintoismus nicht eine Religion der Predigten, sondern des heiligen Schauders. Dieses Gefühl mag Worte auslösen oder nicht, geht aber auf jeden Fall über sie hinaus. Dies spiegelt sich auch in der Psychologie der Japaner, die dem Emotionalen den Vorrang vor dem Rationalen einräumt.

In die sittliche Vorstellung des Shintoismus, daß sämtliche Naturvorgänge in all ihren gegensätzlichen Ausdrucksformen im Grunde gut sind und deshalb gewürdigt werden müssen, wurden sowohl die später hinzugekommene konfuzianische Ethik als auch der zwischen 710 und 794 n.Chr. mit aller Macht eindringende chinesische Buddhismus eingepaßt. Aus dem indischen Buddhismus, der sich im 1. Jahrhundert n.Chr. in China ausgebreitet hatte, entwickelte sich durch das eher praktisch gesinnte und den Dingen der Welt zugewandte Denken der Chinesen der Zen-Buddhismus. Sowohl Zen als auch taoistisches Denken und Konfuzianismus harmonierten mit dem Shintoismus. »Wenn Japan auch kein eigenes philosophisches System hervorbrachte, war es doch schöpferisch genug, all das in sein Leben zu integrieren und zu seiner spirituellen und künstlerischen Entwicklung zu nutzen, was Konfuzianismus, Taoismus und Buddhismus an Brauchbarem zu bieten hatten.«[5]

Die Rituale, die das japanische Leben noch immer prägen, sind im Shintoismus verankert: Den kultischen Gesten wird eine magische Wirkung zugeschrieben, bzw. die Rituale selbst gelten als Offenbarung der Götter. Durch die Regeln des Konfuzianismus für das menschliche Zusammenleben wurden diese Rituale in den Alltag integriert. Auch in der Ausübung der Zen-Praxis findet das Magische seinen Ausdruck. So ist die Zen-Praxis eine Schulung der Intuition und der Wahrnehmungsfähigkeit bis zu ihrem Höhepunkt, an dem Subjekt und Objekt bzw. Subjekt und Handlung zu einer Einheit verschmelzen.[6]

Als eine der höchsten Gottheiten wird im Shintoismus die Sonnengöttin Amaterasu omi kami verehrt. Die Legende besagt, daß sie drei geweihte Gegenstände als Symbole ihrer rechtmäßigen Macht besaß: Spiegel, Perle und Schwert. Diese Machtsymbole sind in der japanischen Dynastie als Zeichen der rechtmäßigen Machtausübung von Herrscher zu Herrscher weitergegeben worden, da die japanischen Kaiser bis zum Ende des Zweiten Weltkrieges als direkte Nachfahren der Sonnengöttin galten. (Erst unter der amerikanischen Besatzungsmacht mußte der japanische Kaiser in einer Rundfunkansprache seiner Göttlichkeit abschwören.)

Nun kann man Spiegel, Perle und Schwert, wie Toffler[7] es getan hat, als Machtwerkzeuge definieren und übersetzen mit: Wissen, Reichtum und Gewalt. Eine solche Symbolübersetzung ist jedoch abendländisch vordergründig und geht völlig an der japanischen Bedeutung vorbei. Bei Spiegel, Perle und Schwert geht es nicht um Machtwerkzeuge, sondern um das innere Wesen der Macht, um ihren Geist, um das, was sie ausmacht. Halten wir uns an die Übersetzungen von japanischen Gelehrten des Mittelalters, dann bedeutet Spiegel »Selbsterkenntnis«, Perle

»Erkenntnis und Achtung fremder Wirklichkeiten« und Schwert
»Mut zum entschiedenen und selbstverantwortlichen Handeln«.

Als sich die Sonnengöttin Amaterasu omi kami (»Die am
Himmel Erscheinende Große Erlauchte Gottheit«) aus Kränkung
über das rüde Verhalten ihres göttlichen Bruders, des Sturmgottes
Susano-o no Mikoto (»Heftiger Schneller Ungestümer Mann«)
in eine Höhle zurückzog und damit Himmel und Erde dunkel
wurden, versuchten die 800 Myriaden Götter des Gefildes des
Hohen Himmels, sie wieder hervorzulocken. Es gelang ihnen
schließlich mit Hilfe eines Spiegels, in dem sich die Sonnengöttin
erblickte und aus Freude über ihren Anblick wieder hervorkam.
Der japanische Gelehrte Ichijo Kaneyoshi (1402-1481) interpre-
tierte dies als Verehrung des eigenen inneren Selbst.[8] Die Selbsterkenntnis der Amaterasu omi kami war verbunden mit der
Freude an sich selbst, mit Selbstachtung.

Die Perle soll vom Mondgott Tama no-oya gefertigt worden
sein und die Form eines Auges besitzen. Sie gilt als Mondsymbol
und steht für Ehrfurcht und Weisheit. Ehrfurcht bedeutet die
innere Achtung vor dem Eigenwert jeglichen Seins, den es in
jedem Fall zu respektieren gilt, auch wenn er sich nicht unmittelbar erschließt oder unergründlich erscheint. Weisheit ist die
Einsicht in diese Unergründlichkeit und das fortschreitende Erkennen der Geheimnisse, der unterschiedlichen Wirklichkeiten
und Wahrheiten. Die Verwirklichung dieser Symbolik zeigt sich
in den japanischen Wahrnehmungs-, Denk- und Handlungsge-
wohnheiten, in ihrer Toleranz für Widersprüchlichkeiten und
Ambivalenzen. Wo der Mensch des Westens höchst beunruhigt
ist durch das Nebeneinander antagonistischer Elemente, bleibt
man in Japan unbekümmert: So ist man z.B. Buddhist bei
Begräbnisfeiern und Shintoist bei Hochzeitsfeiern. Schöpfung
wird ergänzt durch Kombination; Gewandtheit im Wechsel von
einer Sphäre zur anderen entbindet vom Zwang zu »einer«
gültigen Wahrheit bzw. Wirklichkeit. Die Perlensymbolik be-

deutet somit das fortschreitende Erkennen von unterschiedlichen Wirklichkeiten und ihre unbedingte Achtung, d.h. den Verzicht auf das illusionäre Schema einer absoluten Wahrheit

Das Schwert mit dem Namen Ame no murakomo soll der Sturmgott Susano-o aus dem Schwanz einer achtköpfigen Riesenschlange gezogen haben, als er die Inada-Prinzessin vor dem Tode bewahrte. Nachdem der Sturmgott aufgrund seiner Kränkung von Amaterasu omi kami (er hatte ihre Reisfelder verwüstet) auf die Erde verbannt wurde, rettete er die Inada-Prinzessin, zeugte mit ihr Kinder und bevölkerte Japan.

Das Schwert gilt sowohl als Symbol für »Mut und Tapferkeit« als auch für die »Fähigkeit zum entschiedenen Handeln«. In der Verbindung also: Mut zum entschiedenen und selbstverantwortlichen Handeln. Wir können davon ausgehen, daß diese Übersetzungen schon vom konfuzianischen Einfluß, der im 5. Jahrhundert n.Chr. einsetzte, durchdrungen sind. Der konfuzianischen Ethik liegt der Gedanke zugrunde, daß der Mensch von Natur aus gut ist und alles Böse an ihm durch mangelnde Einsicht entstanden ist. Der Konfuzianismus ist keineswegs, wie im Westen häufig irrtümlich verstanden, über seine Sekundärtugenden wie Fleiß, Disziplin und Ausdauer zu definieren, sondern durch sein Verständnis der Selbstverwirklichung und der überragenden Bedeutung, die in diesem Zusammenhang der lebenslangen Bildung zugemessen wird. Lernen bedeutet im Konfuzianismus, den Weg der Selbsterkenntnis und Selbstverbesserung zu gehen, und dieser Weg wird als die Verwirklichung von Güte und Mitmenschlichkeit im praktischen Alltag gesehen. Diese Selbstverwirklichung wird letztlich als transzendentes Ziel verstanden, da der Mensch nicht nur mit allen Lebewesen, sondern mit dem gesamten Kosmos eine Einheit bildet. Ein derartiges Verständnis von Selbstverwirklichung schließt von vornherein die Würdigung und die Verwirklichung des anderen mit ein.

Insofern paßt diese Ethik zum Shintoismus, der ebenfalls die Natur als gut würdigt und die Selbsterfahrung als den Königsweg zur Erfahrung der Geheimnisse der Welt betrachtet. Als praktische Richtschnur des Handelns empfiehlt Konfuzius im *Lun-yü* die sogenannte Goldene Regel: »Was du nicht willst, das man dir tu, das füg auch keinem anderen zu.«[9] Entschiedenes Handeln bedeutet also ein bewußtes Anerkennen einer durchgehenden Gegenseitigkeit und das Erkennen und Berücksichtigen der eigenen Entscheidungsfreiheit im Handeln.

Diese bedingungslose Anerkennung der Gegenseitigkeit sowie die Verpflichtung zur kompromißlosen Selbstverantwortung des eigenen Handelns ist der Kern des *bushido*, dem Moralkodex der Samurai, wie ein typisches Treuegelöbnis, das Herr und Gefolgsmann im späten 15. Jahrhundert jeweils gegenseitig ablegten, bezeugt. Der Gefolgsmann versichert dabei unter Eid, daß er dem Gebieter mit aufrichtiger Ergebenheit und ohne jede Einschränkung dienen werde. Der Gebieter nimmt das Versprechen der Loyalität entgegen und antwortet: »Ich will deine wichtigen Angelegenheiten als meine eigenen betrachten, und wir werden uns gegenseitig aufeinander verlassen; wenn trotz dieses Einvernehmens eine Verleumdung oder ein übles Gerücht aufkommen sollte, werden wir uns gegenseitig mit vollkommener Aufrichtigkeit aussprechen.«[10] Dabei hatte der Gefolgsmann nicht nur das Recht, sondern sogar die Pflicht zum Protest, und zwar immer, wenn er das Tun des Gebieters für ungerecht oder ungehörig hielt. In seiner äußersten Konsequenz mußte der Protest die Form von harakiri (ritueller Selbstmord) annehmen, wenn alle anderen Protestarten nicht fruchteten. Die Schwertsymbolik bedeutet somit Mut zum entschiedenen Handeln, d.h. die bedingungslose Akzeptanz der gegenseitigen Abhängigkeit (Vernetztheit aller Geschehnisse) sowie die unbedingte Übernahme der Selbstverantwortung für das eigene Verhalten.

Betrachten wir die zentralen Fragen, in deren Beantwortung japanische Manager geschult werden, dann zeigt sich, daß es sich dabei um die Verwirklichung der Symbole Spiegel, Perle und Schwert handelt. Die Suche nach der Antwort auf »Was will ich und was kann ich?« ist die Verwirklichung des Spiegels, das Bemühen um Selbsterkenntnis, aus der sich die Selbstachtung ergibt. Die Schulung in »Was wollen die anderen, und was können die anderen?« ist die Ergründung der fremden Motive, das intuitive Erkennen fremder Bedürfnisse, Emotionen und Fähigkeiten, d.h. die Einsicht in andere Wirklichkeiten – also die Perlen-Verwirklichung. Die Frage »Wie kann ich das, was ich will, in Abstimmung und Nutzung aller Energien am effizientesten erreichen?« beachtet die Vernetztheit aller Gegebenheiten und gegenseitigen Abhängigkeiten und zielt sowohl auf den Konsens mit allen Beteiligten aus dem eigenen Lager als auch auf die Berücksichtigung des gesamten Feldes, d.h. der Geschäftspartner und Konkurrenten. Diese Kräftefeldanalyse und das sich in einem kränkungsfreien Kommunikationsstil niederschlagende entsprechende Handeln verwirklicht die Schwertsymbolik.

Am deutlichsten wird die Schwert-Verwirklichung im japanischen Entscheidungsmanagement. (Das gleiche gilt übrigens auch für den chinesischen Entscheidungsprozeß.) Dieser beinhaltet drei Schritte: »Kashi-kari«, »nemawashi« und die formale Entscheidung.[11] Kashi-kari (geben und nehmen) besteht darin, daß ein Vorgesetzter seine Mitarbeiter durch einen kränkungsfreien Kommunikationsstil und seine bedürfnisbefriedigende Unterstützung ihm gegenüber verpflichtet. Nemawashi bedeutet, einen informellen Konsens herzustellen, so daß die offizielle Abstimmung zu einem bestimmten Thema dann einstimmig erfolgen kann. Dieser informelle Konsens gewährleistet die größtmögliche Bedürfnisbefriedigung aller Beteiligten, beginnend mit der umfassenden wertschöpfenden Wissensteilhabe (betrifft die

42

polaren Primärmotive Neuheit und Sicherheit, vgl. Kapitel 6: »Die Polarität der Motive«), über die Beachtung der Meinungen der einzelnen (betrifft das Primärmotiv soziale Bindung/Wertschätzung), bis hin zur Mitbestimmungspraxis (betrifft das Primärmotiv Freiheit). Die dabei praktizierte Vorgehensweise bezieht die unteren Ebenen mit ein und schraubt sich dann spiralförmig nach oben, mit dem Ziel, die ungeteilte Partizipation und das gesamte Potential aller Mitarbeiter auf die Verfolgung eines Zieles hin auszurichten. Zwar dauert dieser Entscheidungsprozeß im Vergleich zur westlichen Praxis wesentlich länger, doch sobald eine Entscheidung gefällt ist, gibt es durch die ungeteilte Konzentration aller Kräfte auf das gemeinsam erarbeitete Ziel nur mehr wenig Reibungsverluste.

Die japanische Managementschulung ist eine Schulung in der Kunst der Wahrnehmung, der Selbstwahrnehmung und der Fremdwahrnehmung, sowie ein Lernprozeß, die eigenen Anteile für das Geschehen im jeweiligen Feld zu erkennen und die Verantwortung dafür zu übernehmen. Damit fördert sie zwangsläufig die Entwicklung von natürlicher Autorität und persönlicher Macht, was gleichbedeutend ist mit der Entwicklung von höchster sozialer Kompetenz. Denn je unverzerrter die Selbstwahrnehmung und die Wahrnehmung fremder Wirklichkeiten ist sowie das Erkennen der eigenen Möglichkeiten und Verantwortlichkeiten, desto größer werden die Fähigkeiten, auf die Umwelt in gewünschter Weise Einfluß zu nehmen.

Die Grundlagen für die japanische Machtpraxis werden bereits im Elternhaus geschaffen, wo auf die Gefühle und emotionalen Bedürfnisse der Kinder sehr viel Rücksicht genommen wird und sie in den ersten Jahren als Götter verwöhnt werden, alle Freiheit genießen und nur durch geduldiges und liebevolles Ermahnen lernen, daß ein bestimmtes Verhalten unerwünscht ist. Nach Takeo Doi[12] muß ein Kind »amae« erleben, um ein gesundes Selbstbewußtsein entwickeln zu können. Amae ist ein japanisches

Wort, für das es in keiner westlichen Sprache eine Entsprechung gibt. Am besten ist es zu umschreiben mit »Freiheit in Geborgenheit«. Es bedeutet, die eigenen Bedürfnisse und Emotionen erleben und ausdrücken zu dürfen, ohne Angst haben zu müssen, die Liebe und Wertschätzung der Umwelt zu verlieren (Spiegel-Verwirklichung). Damit wird eine starke Basis der Selbstachtung gegründet, mit der dann die mit dem Schulbesuch (in jüngster Zeit schon mit dem Kindergartenbesuch) einsetzenden enormen Zwänge leichter und selbstverständlicher ertragen werden. Im Licht der polaren Bedürfnisbefriedigung (vgl. dazu Kapitel 6: »Die Polarität der Motive«) betrachtet, können diese Anforderungen, die der Disziplinierung für das Gemeinschaftsleben dienen, als notwendiger Ausgleich zur individuellen Freiheit gesehen werden. Nicht nur im Elternhaus, auch im Schulalltag wird durch die ritualisierte tägliche Prozeßreflektion der Blick der Kinder für Selbstbewertung und Zusammenspiel geschult. Sich in die Bedürfnisse anderer einzufühlen, zuhören zu lernen (Perlen-Verwirklichung) sowie die systemischen Zusammenhänge zu erkunden und im Handeln zu berücksichtigen (Schwert-Verwirklichung), gehört zum täglichen Unterricht.

Die entsprechende Machtpraxis findet ihren wesentlichen Ausdruck in einem grundsätzlichen Wohlwollen, im unablässigen Bemühen um Konsens und einer starken Harmonie- und Kooperationsfähigkeit. Es wäre jedoch eine Illusion zu meinen, die Japaner würden mit ihrer Machtpraxis bewußt einer besonders menschenfreundlichen Gesinnung nachkommen. Es ist vielmehr so, daß sie dem Einsatz von hemmungsloser Macht, die den entscheidenden Sieg herbeiführt, eine Art kultische Verehrung entgegenbringen. Macht und Stärke gehören zu den höchsten Werten in der japanischen Kultur, und so ist ihre Machtpraxis wohl weniger der Ausdruck einer bewußten edlen Haltung, sondern eher ein intuitives Wissen um systemische Wirkungen.

Daß es den Japanern gelungen ist, ihre alten shintoistischen Naturgottheiten und das damit verbundene Wissen um die Vernetztheit aller Gegebenheiten zu bewahren, liegt an ihrer Fähigkeit, sich sehr nah auf etwas einlassen zu können und es sich doch gleichzeitig vom Leib zu halten. (Die Entwicklung dieser Fähigkeit ist eng verbunden mit der Entwicklung persönlicher Macht und wird durch die ausgewogene Integration von Macht und Hingabe erreicht, wie ich später noch ausführen werde.) Ian Buruma schreibt: »Japan erscheint als die modernste Gesellschaft Asiens, in politischer, kultureller, ästhetischer Hinsicht. Aber sie gehört auch zu den archaischsten... Japan ist ›verwestlicht‹, und doch ist es irgendwie dasjenige Land, das sich den Westen am meisten vom Leib gehalten hat.«[13] Wenn es stimmt, was Buruma sagt, dann würde dies zu der Hoffnung berechtigen, daß es diesem Land auch weiterhin gelingen könnte, sich eines verhängnisvollen Einflusses, der alles nivelliert und Andersartiges nicht zuläßt, zu entziehen. Auch wenn derzeit einige äußerst westlich orientierte japanische Wirtschaftsführer und Politiker vehement eine Umorientierung auf westlichen Verhaltensstandard fordern und leben (und in vielen Bereichen mit Mißerfolgen und Wertezerfall dafür bezahlen), zeigt doch die immer selbstbewußter werdende Wertediskussion in Asien, daß der bisherige Wirtschaftserfolg Amerikas und Europas nicht mehr als Rechtfertigung für eine fraglose Übernahme von deren Werthaltungen akzeptiert wird.

Wir mißachten häufig die psychologischen Bedingungen, die das Leben glücklich und erfreulich machen und unterstützen damit aktiv die entmenschlichenden Kräfte. Statt dessen wird dann die Freizeit zum Synonym für Freude, zum Indikator für »kollektives Wohlergehen«. Angesichts des Phänomens, daß sich die Menschen im Westen am Ende dieses Jahrhunderts trotz noch nie dagewesenem Wohlstand und Verfügen über die Umwelt verlassener und unfreier zu fühlen scheinen als je zuvor, wäre es lohnend, unsere Vorstellung von Freiheit und deren Verwirklichung genauer und ehrlicher unter die Lupe zu nehmen. So haben z.B. neuere Untersuchungen entgegen der allgemeinen Meinung ergeben, daß in der Werterangliste der deutschen Arbeitnehmer Spaß und Freude an der Arbeit höher rangiert als mehr Freizeit. Die bei deutschen Arbeitnehmern festgestellte »freizeitorientierte Schonhaltung« muß daher als Folge einer wenig bedürfnisbefriedigenden Arbeitswelt gesehen werden.

In Osaka erzählte mir kürzlich der Inhaber einer mittelständischen Zulieferfirma, daß sich sein Unternehmen vor wenigen Jahren in einer lebensbedrohlichen Krise befunden habe. Als ich ihn fragte, was der Grund für die Krise war und wie er sie bewältigt habe, antwortete er: »Es war ein Glücksspiel. Ich setzte auf etwas anderes als meine beiden Direktoren. Sie schlugen mir große Umstrukturierungen der Firma vor. Ich aber beobachtete, daß sie ein sehr arrogantes Auftreten hatten und mit den Mitarbeitern von oben herab und wenig unterstützend umgingen. Und obwohl sie beide fachlich hochqualifiziert waren, setzte ich darauf, daß ihr Wissen keineswegs das Potential von mehreren hundert Mitarbeitern aufwiegt. Und dieses Potential unterdrückten sie mit ihrem Verhalten. Also tauschte ich sie aus. Der Erfolg gab mir recht. Innerhalb kürzester Zeit erhöhte sich die Produktion, die Fehlzeiten gingen gegen Null, und die Mitarbeiter entwickelten so viele gute Ideen, daß wir heute trotz eines immer stärkeren Konkurrenzdrucks besser als je zuvor dastehen.« (Meine Begeisterung für diese so offensichtliche Bestätigung meiner Beobachtungen, Analysen und Überlegungen zur japanischen Machtpraxis ist allerdings getrübt durch die Tatsache, daß sich die Bedeutung der Potentialentwicklung lediglich auf männliche Mitarbeiter bezieht; Frauen haben dagegen kaum eine Chance, einen höherqualifizierten Arbeitsplatz zu erhalten, und an ihrem Potential wird nur wenig Interesse gezeigt.)

Die Japaner scheinen etwas Wesentliches von Marcuses Vorstellung zu verwirklichen: »Meiner Auffassung nach liegt eine der neuen Möglichkeiten, den Unterschied zwischen einer freien und unfreien Gesellschaft zu demonstrieren, gerade in der Fähigkeit, einen Freiheitsbereich auch *in* der Arbeit zu entdecken, und nicht bloß *außerhalb* der Arbeit.«[14] So hat denn auch die Macht der japanischen Unternehmen, von ihren Mitarbeitern Spitzenleistungen und unbedingte Loyalität (was sich z.B. in extrem niedrigen Fehlzeiten zeigt) zu erhalten, ganz entschieden mit der Befriedigung der jeweils gegensätzlichen Primärmotive Bindung und Freiheit sowie Sicherheit und Neuheit zu tun (vgl. Kapitel 6: »Die Polarität der Motive«).

4
Das Charisma der natürlichen Autorität

Gott, gib mir die Gelassenheit,
die Dinge hinzunehmen, die ich nicht ändern kann,
den Mut, die Dinge zu ändern, die ich ändern kann,
und die Weisheit, das eine vom anderen
zu unterscheiden.

Christoph F. Oettinger

Die Ergebnisse von Peters und Watermans Suche nach Spitzenleistungen, die Analyse von Lee Iacoccas erfolgreichen Führungsprinzipien sowie das Studium der japanischen Machtpraxis decken sich mit meinen Erkenntnissen aus der psychotherapeutischen Praxis und meinen Erfahrungen aus der Managementberatung: Überdurchschnittlicher Erfolg, der sowohl die eigenen als auch die fremden Potentiale entwickelt und nutzt, beruht auf einer speziellen Machtpraxis, einer Macht, die nicht nur quantitativ weit über hierarchische Macht hinausgeht, sondern sich vor allem auch qualitativ von ihr unterscheidet. Diese qualitativ andere Macht, die meist als das Charisma der natürlichen Autorität empfunden wird, beruht auf zwei Kernkompetenzen: erstens dem Mut zum entschiedenen und selbstverantwortlichen Handeln und zweitens der Fähigkeit, für andere ein Bedürfnisbefriediger zu sein, d.h. durch das eigene Verhalten die bewußten und unbewußten Motive der anderen anzusprechen und zu befriedigen. Der Mut zum entschiedenen Handeln setzt Selbsterfahrung und das Erkennen und Akzeptieren einer grundsätzlichen Gegen-

seitigkeit voraus. Die Fähigkeit, für andere ein Bedürfnisbefriediger zu sein, beinhaltet das Erkennen und Achten fremder
Wirklichkeiten sowie ein kränkungsfreies Verhalten.

Natürliche Autorität

MUT

zum entschiedenen
selbstverantwortlichen
Handeln

Selbsterkenntnis
und Selbstachtung

Akzeptanz einer ver-
netzten gegenseitigen
Abhängigkeit

FÄHIGKEIT

für andere
ein Bedürfnis-
befriediger zu sein

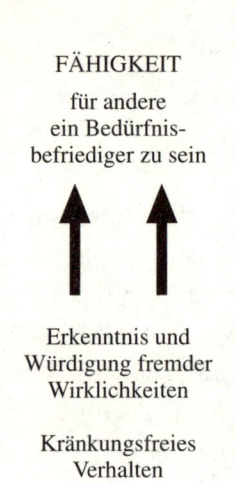

Erkenntnis und
Würdigung fremder
Wirklichkeiten

Kränkungsfreies
Verhalten

© Evelyn Kroschel

Menschen, die natürliche Autorität besitzen, strahlen ein Charisma aus, das dazu verleitet, zu meinen, es sei angeboren (Charisma
bedeutet »Gnadengabe«). »Man hat's oder man hat's nicht«,
erklärte mir eine Führungskraft. Dies würde bedeuten, daß es
sich bei natürlicher Autorität um eine Eigenschaft handelt, die
jemandem »mit in die Wiege gelegt« wurde, wie etwa herausragende Musikalität oder sonstige künstlerische Veranlagung.
Natürlich gibt es Menschen, die intuitiv ein Erleben und Verhalten

verwirklichen, das ihnen natürliche Autorität verleiht. Da es sich dabei jedoch um einen sich ständig neu zu gestaltenden Prozeß der Wahrnehmung und Kommunikation handelt, kann man nicht von einer festgelegten Eigenschaft sprechen. Vielmehr handelt es sich um eine Kunst, die erlernbar und trainierbar ist, eine Kunst, deren Grundlagen man kennen muß, wenn man sie beherrschen will.

Die wesentliche Fragestellung ist nun aber: Wie können diese Kompetenzen, der Mut zum entschiedenen und selbstverantwortlichen Handeln und die Fähigkeit, für andere ein Bedürfnisbefriediger zu sein, entwickelt werden? Vor allem ist ein Wissen über die Dynamik und Ausdrucksformen der menschlichen Primärmotive sowie ein Wissen über die Dynamik von Kränkungen notwendig. Dies schärft die Wahrnehmung und ermöglicht es, den beobachteten Phänomenen ihre motivationale Bedeutung zu geben, und erweitert die eigenen Handlungsspielräume.

Der Mut zum entschiedenen und selbstverantwortlichen Handeln erfordert ein hohes Maß an Selbsterkenntnis und Selbstachtung sowie die Akzeptanz einer durchgängigen Vernetztheit aller Geschehnisse. Selbsterkenntnis ist die Bewußtheit des eigenen Selbst. Zwar nimmt fast jeder an, sich selbst zu kennen, doch erwiesenermaßen nehmen wir nur einen minimalen Bruchteil unserer psychophysischen Existenz bewußt wahr.

Die weitgehende Unbewußtheit der körperlichen Vorgänge ist schwer zu leugnen. Wir können zwar z.B. beobachten, wie sich Schorf auf einer Wunde bildet, aber die Prozesse, die neue Haut entstehen lassen, verlaufen unbewußt; sämtliche neuronalen und biochemischen Prozesse bleiben uns verborgen.

Was unsere Bewußtheit, d.h. unsere Selbsterkenntnis in bezug auf unsere intrapsychischen Prozesse und unsere interpersonellen Aktionen angeht, steht es damit nicht besser als bei den körperlichen Vorgängen. Und doch ist hier die Leugnung unserer Unbewußtheit ungleich größer, denn wir wehren uns gegen die

Vorstellung, unwissentlich in unserem Denken, Fühlen und Handeln gelenkt sein zu können. Das »Erkenne dich selbst« als oberstes Weisheitsprinzip am Apollotempel in Delphi weist darauf hin, daß die alten Griechen durchaus wußten, daß es sich dabei um keine Selbstverständlichkeit handelt, sondern um eine Aufgabe, die nicht leicht zu erfüllen ist. Mit zunehmender Selbsterkenntnis steigt unweigerlich die Selbstachtung und das Verständnis und der Respekt für andere.

Daß es Mut erfordert, die Verantwortung für das eigene Handeln zu übernehmen, ist einsichtig, wenn man an Fehlentscheidungen, offensichtliche Verfehlungen oder schlichtes Versagen denkt. Mut ist aber in wesentlich weiterem Sinne erforderlich: der Mut, sich seinen unbewußten Motiven und den daraus resultierenden Handlungen zu stellen und die Geschehnisse im Umfeld nicht Sachzwängen, anderen Beteiligten oder dem Schicksal anzulasten; der Mut, dazu zu stehen, daß die eigenen Energien die Energie des Umfelds mitbestimmen und mitverantwortlich sind für die Ereignisse, die darin stattfinden; der Mut, die Vernetztheit aller Geschehnisse zu akzeptieren. Doch um die Verantwortung für das persönliche Verhalten übernehmen zu können, ist es notwendig, die eigenen Motive und ihre Dynamik gut zu kennen, um nicht ohne jegliche Entscheidungsmöglichkeit von ihnen gesteuert zu werden.

Im Rahmen eines Coaching beobachtete ich z.B. die Kommunikationsstruktur während einer Abteilungsleitersitzung. Die Sitzung schleppte sich dahin und war geprägt von einer lähmenden Energie, die ich zwar spürte, ohne jedoch gleich erkennen zu können, wodurch sie zustandekam. Obwohl vom Sitzungsleiter wichtige Probleme angesprochen wurden und ich aus zuvor stattgefundenen Gesprächen wußte, daß einige der Anwesenden zu diesen Problemen Lösungsvorschläge und Ideen hatten, entwickelte sich keine kreative Atmosphäre. Ich fragte mich, warum jeder Ansatz von Diskussion sofort versandete. Dann fielen mir zwei Abteilungsleiter auf, die ständig miteinander tuschelten, verächtlich lächelten und häufig, wenn andere etwas sagten, die Augen nach oben rollten. Mir wurde bald klar, daß von diesem Verhalten die blockierende Energie ausging. Was motivierte die beiden, so zu handeln? Und was motivierte die übrigen, sich dieser Situation dergestalt zu unterwerfen, daß sie selbst verstummten? Durch das Augenrollen, Getuschel und verächliche Lächeln wurde verhindert, daß die anderen Teilnehmer ihre Kreativität entfalteten. Wollten die betreffenden Abteilungsleiter das erreichen? Wenn es so ist, warum wollen sie es? Was sind ihre Motive? Macht? Rache? Sich selbst großartig fühlen wollen, indem sie die anderen kleinhalten?

Und was motivierte die anderen Sitzungsteilnehmer, sich davon behindern zu lassen und zu verstummen? Spätere Gespräche mit einigen von ihnen offenbarten, daß sich die meisten nicht deutlich bewußt darüber waren, warum sie sich so und nicht anders verhalten hatten. Ein Abteilungsleiter erinnerte sich an Situationen aus der Schulzeit, in denen sich Klassenkameraden lustig gemacht hatten, wenn er etwas Falsches gesagt gehabt hatte. Er erkannte, daß er in der aktuellen Situation unbewußt aus Angst vor Blamage seine Ideen verschwieg. Die zugrundeliegenden Motive für seine Zurückhaltung waren also die Bedürfnisse nach Sicherheit, Wertschätzung und Anerkennung. Die daraus resultierende Frage war, ob er mit seinem Verhalten tatsächlich erreichen konnte, was er wollte. Er verneinte.

Die Erkenntnis führte dazu, daß dieser Abteilungsleiter bei der nächsten Gelegenheit sofort, als das beschriebene Verhalten wieder auftauchte, den Betreffenden fragte: »Herr XY, ich sehe bei Ihnen ein verächtliches Lächeln und ein demonstratives Nach-oben-Schauen. Ich möchte es nicht einfach interpretieren, sondern bitte Sie, uns doch selbst mitzuteilen, was sie damit zum Ausdruck bringen möchten.« Der Angesprochene reagierte völlig irritiert und fast sprachlos. Dann bestritt er sein Verhalten und erklärte die geäußerte Wahrnehmung als falsch. Auf diese als wahrscheinlich zu erwartende Reaktion hatte ich den betreffenden Abteilungsleiter jedoch schon im Coaching vorbereitet, so daß er lächelnd erwidern konnte: »Dann entschuldigen Sie bitte, wenn ich Sie nicht richtig wahrgenommen habe.« Diese Antwort verhalf XY, sein Gesicht zu wahren, ohne daß die Wirkung des Ansprechens der verdeckten Aggression deswegen geschmälert worden wäre. Und die Wirkung war durchschlagend: Das angesprochene Verhalten war eliminiert und trat auch später nicht wieder auf, und die Atmosphäre der Sitzungen veränderte sich spürbar. Es entwickelte sich eine lebhafte, sprühende und anregende Diskussion, in der zunehmend wohlwollend und spielerisch Problemlösungen entwickelt wurden. Der Abteilungsleiter hatte erkannt, daß er zuvor mit seinem eigenen Verhalten den beiden Kollegen erlaubt hatte, ihn zu blockieren. Nur war diese Erlaubnis keine entschiedene Handlung gewesen, sondern ein unbewußtes Reagieren aufgrund alter Kindheitserfahrungen. Im Gegensatz dazu hatte er nun infolge der Selbsterkenntnis entschieden, sich nicht länger behindern zu lassen, und seine Entscheidung in Handeln umgesetzt.

Tut mir die gegenwärtige Situation gut? Entspricht sie meinen Bedürfnissen und Zielen? Erreiche ich mit meinem Verhalten das, was ich möchte? Und wenn nicht, warum ändere ich es nicht? Erinnert mich die Situation an alte, nicht erledigte Erfahrungen? Was wiederholt sich darin, und was muß ich an ihr lernen? Diese Fragen schulen uns in Hingabefähigkeit. Hingabe bedeutet nämlich unter anderem auch, daß wir z.B. eine Situation oder Person vorbehaltlos auf uns wirken lassen, uns ihr sozusagen aktiv hingeben, um alle Elemente in ihren möglichen Wirkungen zu erfahren. Wir nehmen dabei zunehmend wahr, daß jede Lebenssituation einen wichtigen Schritt zu unserer Bewußtseinsentwicklung und damit Persönlichkeitsentwicklung darstellt. Beides fördert eine Haltung, die entscheidend zur Entwicklung persönlicher Autorität beiträgt. Ich nenne sie die Haltung des Phönix-aus-der-Asche; es ist eine Haltung, die den Rhythmus des Lebens, des ewigen Werdens und Vergehens erkennt und akzeptiert und sich in einem Erleben und Handeln ausdrückt, das der Dynamik der Motive Rechnung trägt.

Kein Zustand ist beständig. Sperren wir uns dieser permanenten Veränderung und versuchen, das Alte festzuhalten, dann werden wir vor allem »Asche« erleben, d.h., wir erleben die Veränderung nur als Zerstörung des Alten, und das Verlust- und Versagenserleben bzw. die Stagnation stehen im Vordergrund. Diese rückwärtsgerichtete Wahrnehmung verhindert die Fähigkeit, aus jeder Situation das Bestmögliche herauszuholen. Phönix-Erleben hingegen bedeutet die Hingabe an die Gegenwart, das Erleben der beständigen Erneuerung, das neugierige, faszinierte und verantwortliche Mitgestalten des jeweils gegenwärtigen Prozesses, wie immer dieser auch beschaffen sein mag. Ganz gleich, ob es eine Situation in einer Konferenz oder eine Begebenheit in einer Liebesbeziehung betrifft, keine Situation ist zufällig so wie sie ist. Sie ist so, weil wir sie so mitgestalten, sei es dadurch, daß wir aktiv handeln bzw. nicht handeln, oder dadurch, daß wir zulassen, daß andere in einer bestimmten Weise handeln.

Je höher und differenzierter der Grad der Selbsterkenntnis wird, desto mehr wächst auch die Fähigkeit, sich bewußt und verantwortlich für ein bestimmtes Handeln oder Nicht-Handeln zu entscheiden. Sich entscheiden bedeutet immer, eine Wahl zu haben. Je mehr wir lernen, unsere jeweiligen Motive wahrzunehmen, desto mehr Wahl- bzw. Entscheidungsmöglichkeiten bieten sich an. Und je bewußter und verantwortlicher wir uns für ein Handeln entscheiden, desto mehr lernen wir, die Konsequenzen wahrzunehmen, und desto kreativer und wirkungsvoller werden wir im Entwickeln von möglichen Handlungsalternativen, was unseren gewünschten Erfolg angeht.

Unbewußtes Handeln hingegen, d.h. ein Handeln, dessen Motive uns nicht klar sind und für dessen Folgen wir keine Verantwortung übernehmen, läßt uns natürlich auch nicht als Mitgestalter und Urheber der jeweiligen Gegenwart erleben, sondern als ohnmächtig den Gegebenheiten ausgeliefert. Und abgesehen von den eigenen unangenehmen Gefühlen reagiert die Umwelt mit Entzug von Vertrauen und Ansehen. Sie kennen sicher die Gefühlsmischung aus Ärger und Verachtung, mit der Sie reagieren, wenn jemand die Konsequenzen seines Verhaltens nicht wahrhaben will oder die Verantwortung gar auf andere schiebt. Nichts untergräbt die persönliche Autorität mehr als ein diesbezüglicher Mangel an Bewußtheit und Mut.

Natürliche Autorität zeichnet sich zum einen dadurch aus, daß man nach dem alten Lehrsatz von Konfuzius »Was du nicht willst, daß man dir tu, das füg auch keinem anderen zu« handelt. Das allein reicht jedoch nicht. Es ist darüber hinaus wichtig, erkennen zu lernen, wie die Wirklichkeit des Gegenübers beschaffen ist. Das kann sich z.B. in der einfachen Verhaltensweise ausdrücken, jemandem wirklich unvoreingenommen zuzuhören und dessen Sicht einer Angelegenheit als seine Wirklichkeit zu respektieren, ohne schon während des Zuhörens innerlich zu formulieren, wie man ihm beweisen kann, daß er nicht recht hat. Es handelt sich hier um die Fähigkeit, die eigene Wahrnehmung und Interpretation einer Gegebenheit als eine mögliche Wirklichkeit neben der des anderen zu sehen, ohne sie dem anderen als »Wahrheit« aufzudrängen.

Weisheit ist das fortschreitende Erkennen und Akzeptieren der unterschiedlichen Wirklichkeiten und Wahrheiten. Und Weisheit bedeutet auch die Fähigkeit zu unterscheiden, wann es sinnvoll ist, sich einer Wirklichkeit hinzugeben und sich ihr anzupassen und wann es sinnvoll ist, sie zu verändern. Es kann nicht darum gehen, ein bestimmtes Handeln oder eine bestimmte Wahrnehmung als richtig oder falsch zu bezeichnen. Ein und dasselbe Verhalten kann in einem Kontext richtig und in einem anderen unangebracht sein. Gerade eine solche Zweideutigkeit und Toleranz für Widersprüche ist jedoch offenbar manchem abendländischen Denken zutiefst zuwider, das nach »absoluten Wahrheiten« sucht. Aber selbst das westliche Denken löst sich allmählich von der Doktrin des »Entweder-oder« und räumt zunehmend ein »Sowohl-als-auch« ein. Eingeläutet wurde der Paradigmenwechsel von den sogenannten harten naturwissenschaftlichen Disziplinen. Gerade die neuere Forschung von Physikern[1], Chemikern[2] und Biologen[3] untermauert die Erkenntnisse der Psychologie, daß es nicht möglich ist, die »absolute« Wirklichkeit zu bestimmen oder gar vorherzusagen.

Da die ganze Wirklichkeit in ihrer Komplexität für den Menschen nicht erfaßbar ist, kann es sich bei der Wahrnehmung der Welt immer nur um Teile der Wirklichkeit handeln. Insofern gibt es unzählige Wirklichkeiten, und je mehr Wirklichkeiten wir wahrnehmen und erfahren, desto tiefere Einsicht bekommen wir für das Ganze. Je tiefer diese Einsicht wird, desto größer wird unsere Wahrnehmungs- und Entscheidungsfähigkeit bezüglich unserer eigenen Potentiale und ihrer Entwicklungsmöglichkeiten sowie jener der Umwelt.

Wirklichkeit ist also immer eine Frage der Wahrnehmung, und die daraus resultierenden Einordnungen und Schlußfolgerungen sind individuelle Produkte der menschlichen Verarbeitungsprozesse.[4]

Welche Teile der Wirklichkeit der einzelne wahrnimmt und wie er mit dieser Wirklichkeit umgeht, hängt von seinem Wahrnehmungsraster ab, das wiederum geprägt wird von seinen Grundbedürfnissen bzw. -motiven und seinen Erfahrungen in bezug auf die Möglichkeiten ihrer Befriedigung. So richtet jede Kultur und jede Familie ihre Sozialisationsbemühungen darauf, bestimmte Bedürfnisse als besonders erwünscht zu kultivieren und andere als unerwünscht zu tabuisieren und zu verdrängen bzw. die Befriedigung von bestimmten Bedürfnissen zu gestatten oder zu bestrafen. In der Folge davon entwickeln sich Wahrnehmungsverzerrungen, Ausblendungen von Wirklichkeitsteilen, Verschiebungen auf Ersatzbedürfnisse sowie verkümmerte Fähigkeiten der Bedürfniswahrnehmung und -befriedigung. Die Konsequenz daraus ist eine Blockade unserer Möglichkeiten und Fähigkeiten.

Beim Coaching einer Abteilung, die hohe krankheitsbedingte Fehlzeiten aufwies, fiel mir auf, daß die Abteilungskultur von einer Opfer-Täter-Dynamik bestimmt war. Das Betriebsklima war von Mißtrauen, Angst und Demotivation geprägt. Diejenigen Mitarbeiter, die ich innerlich als sogenannte Opfer einstufte, wiesen sehr unterschiedliche Verhaltensweisen auf. Die einen waren eher unterwürfig, schüchtern, hilfsbereit oder unsicher, während andere trotzig, muffig, patzig und unfreundlich waren. Auch die Verhaltensmerkmale der »Täter« ließen sich in zwei Gruppen einteilen. Die destruktiven Täter waren häufig unbeherrscht, rüde, herablassend oder ironisch und zynisch. Wenn etwas schieflief, waren sie sofort auf Sündenbocksuche und reagierten ungehalten, strafend, verächtlich oder schadenfroh auf Fehler und Versäumnisse von anderen. Ihr Verhalten unterschied sich sehr, je nachdem, ob sie mit jemandem zu tun hatten, der hierarchisch über ihnen, gleich oder unter ihnen stand.

Die andere Gruppe von Tätern zeichnete sich durch hohe soziale Kompetenz aus. Sie konnten sich in Diskussionen gut darstellen und behaupten, ohne andere dabei zu überfahren oder kleinzumachen, sie konnten gut zuhören und akzeptierten andere Meinungen. Je nach Persönlichkeitsstruktur waren sie entweder eher introvertiert und wirkten mehr als ruhiger Pol, oder sie waren mehr extravertiert und beliebt wegen ihrer meist guten Laune und Gelassenheit. Ihre Täterschaft drückte sich vor allem gegenüber den destruktiven Tätern aus, d.h., sie ließen sich von ihnen nicht zum Opfer machen. Bei geringsten Übergriffen in

Form von Kränkung oder Einmischung in ihre Belange setzten sie harte Grenzen. Dies war jedoch relativ selten nötig, denn sie hatten eine natürliche Autorität verwirklicht, die dazu führte, daß sie ohnehin mit großer Achtung und Wertschätzung behandelt wurden. In Abgrenzung zu den destruktiven Tätern will ich sie als positive Täter bezeichnen. Positive Täter machen selbst niemanden zum Opfer, erlauben aber auch nicht, daß jemand sie in die Opferrolle drängt. Ihr Verhalten ist durchgängig authentisch und zeigt keine Hierarchieunterschiede.

Meine Arbeit konzentrierte sich auf die zwei Gruppen von Opfern und die Gruppe der destruktiven Täter. Warum verhielten sie sich so? Was waren ihre vordergründigen Motive, und was waren die unbewußten Motive? Wie sahen ihre Wirklichkeiten aus? Es zeigte sich schnell, daß die Wirklichkeit der Abteilung von den einzelnen höchst unterschiedlich wahrgenommen wurde. Für den angepaßten Opfer-Typ (unsicher, schüchtern, hilfsbereit und gefällig) war die Abteilung ein Ort der Demütigung und des Ausgeliefertseins, an dem man nur überleben konnte, indem man sich den Tätern unterwarf und sich durch »Wohlverhalten« möglichst unauffällig machte. Für den rebellischen Opfer-Typ (trotzig, muffig, ungefällig und unfreundlich) war sie ein Ort der Ungerechtigkeiten und Ineffizienz, an dem man ziel- und lustlos den pupertären Aufstand probte, ohne ernsthaft und konsequent eine Veränderung anzustreben. Für die destruktiven Täter war die Abteilung ein Kampfplatz, auf dem sie ständig beweisen mußten, daß sie nicht mehr (wie einst als Kinder) ohnmächtig waren; sie sammelten Beweise der Unterwerfung wie Trophäen und trugen diese wie eine Art Abschreckungssymbol vor sich her.

Die meisten der Opfer und destruktiven Täter konnten entdekken, daß die ihrem Verhalten zugrundeliegenden Motive, so unterschiedlich diese auch sein mochten, ihnen weitgehend unbewußt waren und sie deshalb kein entschiedenes Handeln verwirklichten, das der Befriedigung ihrer Bedürfnisse und ihrem Erfolg zuträglich gewesen wäre. Denn glücklich und zufrieden waren auch die destruktiven Täter nicht. Neben unbewußten und verschobenen Rachemotiven war ihr Verhalten häufig gesteuert durch das Bedürfnis nach Sicherheit, d.h., sie schlugen in der ständigen Erwartung eines Angriffs zum Zwecke der Abschreckung schon vorsorglich zu.

Zu den Opfer-Mitarbeitern gehörte ein Ingenieur, der aufgrund seiner hohen fachlichen Qualifikation immer wieder für eine Führungsposition im Gespräch war, aber nie zum Zuge kam. Trotz seines Könnens und seines unbestrittenen Fleißes wurde er häufig zur Zielscheibe von ironischen Bemerkungen. (Ironie ist immer eine Aggression, für die der Täter nicht oder nur in geringem Maße Verantwortung übernimmt.) Wehrte er sich, was er allerdings nur selten und schwach versuchte, dann wurde ihm vorgeworfen, daß er humorlos sei und keinen Spaß verstehe. Er selbst reagierte dankbar auf jede Annäherung und war äußerst hilfsbereit, wenn andere ihn brauchten. Doch dafür erhielt er kaum Dank oder Anerkennung, obwohl seine Unterstützung meist beachtlich war.

Bei genauerer Beobachtung stellte ich fest, daß er mit bestimmten Verhaltensweisen dieses respektlose und ausbeuterische Handeln der anderen förmlich herausforderte. Zum Beispiel hielt er bei Gesprächen den Kopf gesenkt, so daß sich seine Pupillen im oberen Drittel der Augen bewegten, wenn er jemanden ansah. Eine solche Haltung signalisiert Unterwerfung und provoziert entweder Aggression oder Desinteresse. Zudem hatte er die Angewohnheit, sich einer Gruppe von Leuten so zuzugesellen, daß er immer schüchtern etwas abseits stand, als wollte er sich entschuldigen, daß es ihn gab; nie mischte er sich ungefragt in ein Gespräch oder riß etwa eine Diskussion an sich. Seiner Ausstrahlung fehlte sowohl jegliche Dominanz als auch alles Leichte und Spielerische.

Als ich ihm meine Beobachtungen mitteilte und ihn fragte, ob er sich vorstellen könne, daß er mit seinem Verhalten das geringschätzige Handeln von Kollegen und Vorgesetzten selbst provoziere, und welches Ziel er damit wohl verfolge, schaute er mich völlig verständnislos an. Nach langem Schweigen, als ich schon befürchtete, er hätte mich nicht richtig verstanden, fragte er:

»Wollen Sie mit Ihrer Frage andeuten, daß ich auch andere Möglichkeiten habe, mich zu benehmen?«

»Ja. Warum sollten Sie die nicht haben?«

»Weil das bedeuten würde, daß ich mich wehre. Daß ich Grenzen setze. Daß ich fordere. Daß ich mich in den Mittelpunkt stelle.«

»Ja. Genau. Warum tun Sie es nicht?«

»Weil ich dazu kein Recht habe.«

»Wer sagt, daß Sie kein Recht dazu haben? Warum haben Sie kein Recht dazu?«

»Weil man sich nicht in den Mittelpunkt stellen darf. Weil man sich nicht abgrenzen darf. Weil man sich nicht wehren darf.«

Bei den letzten Sätzen hatte sich die Stimme des Ingenieurs völlig verändert. Sie war lebendig, laut und bestimmend geworden. Ich machte ihn darauf aufmerksam, und nach einem Moment der Verblüffung sagte er:

»Mein Vater hatte eine solche Stimme. Er war ein sehr lebenslustiger Mann, der immer im Mittelpunkt stand. Er hat sich abgegrenzt, er hat sich gewehrt. Aber meine Mutter hat all diese Eigenschaften verteufelt. Ja, die Stimme gehört zu meinem Vater, aber die Inhalte gehören zu meiner Mutter. Mein Vater ließ sich von meiner Mutter scheiden, als ich acht Jahre alt war. Und ich habe ihn dafür gehaßt.«

In der Sozialisation dieses Mannes wurden alle Motive, die das Handeln des Vaters bestimmt hatten (Macht, Prestige, Wettbewerb, Eroberung, Abenteuer, Spiel und Freiheit), verdammt. Das bedeutete, daß er diese Bedürfnisse aus seiner Wahrnehmung ausblenden mußte, um nicht die Liebe und Wertschätzung seiner Mutter zu verlieren. Neben der ungeheuren Blockierung und Negierung eines großen Teils seiner Persönlichkeit bedeutete es aber auch, daß er diese Motive nicht nur bei sich selbst nicht wahrnam, sondern natürlich auch die Verhaltensweisen nicht erkennen und interpretieren konnte, durch die seine Umwelt diese Bedürfnisse ausdrückte. Damit war er trotz seines hilfsbereiten Verhaltens unbewußt und ungewollt öfter ein Frustrierer und löste Aggressionen gegen sich aus. Und da er sich nie erlaubte, sein Handeln durch die Energie des Spielmotivs, des Macht-, Abenteuer- oder Selbstbehauptungsmotivs bestimmen zu lassen, war seine Ausstrahlung langweilig, farblos und unterwürfig. Die unbewußten Motive seines Verhaltens waren Liebe und Loyalität zur Mutter. Außerdem war sein Verhaltensrepertoire eingeschränkt: Er durfte seine Bedürfnisse nach Wertschätzung, Respekt, Zugehörigkeit und Neuheit nur dergestalt ausdrücken, daß sie den mütterlichen Tabus nicht zuwiderliefen.

Ich regte an, sich häufiger mit den folgenden Fragen zu beschäftigen: Was will ich? Warum will ich es? Wie kann ich es erreichen? Was wollen die anderen? Warum wollen sie es? Woran kann ich es erkennen? Wie wirken die unterschiedlichen Energien zusammen? Von meiner Seite waren lediglich kleine Unterstützungen notwendig, indem ich ihm ab und zu bei der motivationalen Deutung und Zuordnung von Verhaltensweisen half. Sein Auftreten wurde zunehmend selbstbewußter, und in der Wechselwirkung veränderte natürlich auch seine Umgebung ihr Verhalten. Da die in Gang gesetzte Bewußtseinsarbeit und die damit einhergehende Verhaltensänderung sich nicht nur auf ihn allein bezogen, sanken in der Abteilung die krankheitsbedingten Fehlzeiten drastisch, während die Anzahl der Verbesserungsvorschläge deutlich stieg.

Natürliche Autorität zu entwickeln bedeutet also, die eigene Wahrnehmung sowohl in bezug auf sich selbst, als auch in bezug auf die Umwelt zu schulen. Um die eigene Wahrnehmung zu trainieren und sie von Verzerrungen und Ausblendungen bezüglich der eigenen und der fremden Motive zu befreien, ist ein kognitives Wissen über die menschlichen Grundmotive und ihre Dynamik sowie eine Bewußtheit über die Wirkung von Kränkungen sehr hilfreich. Es erleichtert das Erkennen und das richtige Interpretieren von wahrgenommenen Phänomenen. Eine innere Wissensstruktur, in die Wahrnehmungen und Erfahrungen eingeordnet werden können, macht es möglich, den Informationen ihre emotionale und motivationale Bedeutung zu geben, sie in einen Sinn- und Zielzusammenhang zu bringen und so mit ihnen umzugehen, daß sie zu einer Quelle von Intuition werden.

Keinesfalls darf die Fähigkeit, für andere ein Bedürfnisbefriediger zu sein, dahingehend interpretiert werden, daß es etwa bedeutet, einfach alles zu tun, was andere möchten. Es handelt sich vielmehr in erster Linie um die Fähigkeit der Erkenntnis und respektvollen Würdigung fremder Wirklichkeiten. Sie bedeutet die Akzeptanz, daß alles Sein seinen eigenen Wert hat, auch wenn man ihn vielleicht nicht oder nur schwer erkennen kann.

Die Basis, um als Bedürfnisbefriediger wahrgenommen zu werden, ist eine kränkungsfreie Kommunikation. Das heißt, daß man auf keinen Fall die Würde des anderen verletzt, daß man ihn nicht in seinen Sicherheits- und Wertschätzungsbedürfnissen bedroht. Ein Handeln, in dem entschieden darauf geachtet wird, den anderen nicht zu kränken, wird generell als Bedürfnisbefriedigung erlebt, selbst wenn es nicht unbedingt bewußt als solche wahrgenommen wird.

Abgesehen davon, daß der Begriff der Kränkung erklärungsbedürftig ist und bei weitem nicht nur Demütigungen und Beleidigungen meint, ist es notwendig, sich mit der Dynamik von Kränkungen auseinanderzusetzen, denn nichts untergräbt die natürliche Autorität so sehr wie Kränkungen.

5
Kränkungen
und ihre Rachedynamik

Es gehört eine schwierige Zauberkunst dazu,
Blut fließen zu lassen und nicht
der Rache des Blutes anheim zu fallen.

Leo Frobenius

Zu den sichersten Methoden, eigenen Mißerfolg zu produzieren, gehören Kränkungen. Während sich jemand mit kränkendem Verhalten meist der Illusion hingibt, sich seine Taktlosigkeiten und Grobheiten ohne negative Konsequenzen für sich selbst erlauben zu können, beginnt zum Zeitpunkt der Kränkung schon eine Dynamik, die sich massiv gegen ihn selbst und seinen Erfolg richtet.

In meiner psychotherapeutischen Praxis konnte ich die Wirkung von Kränkungen und ihre verhängnisvolle Dynamik intensiv studieren. Ganz gleich, ob ich mit jemandem an psychischen oder somatischen Erkrankungen gearbeitet habe oder an Erschöpfungszuständen, Leistungsstörungen, Beziehungskrisen oder beruflichem Mißerfolg, immer haben sich als zugrundeliegende Übel Kränkungen herausgestellt – und zwar sowohl erlittene Kränkungen als auch ausgeteilte.

Die Analyse von Kränkungen jeglicher Art zeigt, daß dabei immer Grundbedürfnisse verletzt werden. Diese sind zwar je nach Kränkung unterschiedlich, doch die Bedürfnisse nach Sicherheit, Wertschätzung und Respekt sind stets betroffen. Der Kränker ist daher ein Räuber: Er raubt dem Gekränkten einen

Teil des Status quo seiner Bedürfnisbefriedigung, ganz gleich, auf welchem Niveau diese sich gerade befinden mag.

In ihrem Wissen um die Wirkung von Kränkungen scheinen uns die Japaner weit voraus zu sein; sie pflegen viele Rituale, um Kränkungen weitgehend einzuschränken. Einem Japaner »das Gesicht zu nehmen« (was bei den meisten Kränkungen passiert) ist tödlich; es sichert dem Kränker ewige Feindschaft. Nach Lay[1] führte die frühe Erkenntnis der japanischen Welt, daß psychische und soziale Verwundungen, Tötung bedeuten (da ein so verwundeter Mensch jedesmal ein Stück weit stirbt) zu einer moralischen Ächtung von Kränkungen. Er sieht in den dadurch ausgebildeten sozialen Tugenden, die uns Europäern zum Teil sehr fremd sind, die Ursache für den uns im wesentlichen unverständlichen Wirtschaftserfolg Japans.

Vielleicht rührt die geringe Beachtung, die in unserer westlichen Kultur der verheerenden Wirkung von Kränkungen geschenkt wird, daher, daß wir eine christliche »Kultur der Schuld« haben, die Asiaten dagegen eine »Kultur der Schande«. Während wir offenbar höchst bestrebt sind, »an nichts schuld zu sein«, gilt das Bestreben der Asiaten der Vermeidung von Schande. Dem Phänomen der Beschämung wenig Aufmerksamkeit zu widmen, ist ein verhängnisvolles Versäumnis, da westliche Menschen nicht weniger massiv darauf reagieren; unsere Sozialisation hat die Reaktionen allerdings von der bewußten Verhaltensebene ins Unbewußte verdrängt. Nach meinen therapeutischen Erfahrungen betrifft Beschämung einen bedeutend existenzielleren Kern der Person als Schuld. Schuld ist etwas, was lediglich einen Teil der Persönlichkeit betrifft, und von Schuld kann der einzelne sich z.B. durch Sühne oder Wiedergutmachung befreien. Scham dagegen trifft unser Innerstes und wird als etwas fast Untilgbares erlebt, das durch nichts wieder aufgehoben werden kann; wenn nicht Liebe ein Verzeihen der Beschämung ermöglicht, wird nur Rache als einzig mögliche Tilgung der Scham erlebt.

Abgesehen davon, daß Kränkungen beim Gekränkten demotivierend, leistungs- und kreativitätsmindernd, krankheitsauslösend und gewalterzeugend wirken, sind sie auch für denjenigen der kränkt, also für den Täter, höchst nachteilig: Er vermindert mit jeder Kränkung seine natürliche Autorität und die damit verbundene persönliche Macht. Das läßt ihn wiederum für Gewalt und Zwang anfällig werden, weil er immer weniger freiwillig erhält, was er möchte. Und die Rachedynamik, der er automatisch anheimfällt, selbst wenn dies häufig nicht offen erkennbar ist, blockiert und vergiftet die Energien in seinem Umfeld.

Wer bei Kränkungen nun an offene Demütigungen, Ungerechtigkeiten und Diskriminierungen denkt, greift zu kurz. Solche großen Kränkungen sind, symbolisch ausgedrückt, wie Messerstiche oder Schußverletzungen. Dann gibt es aber noch die vielen kleinen Kränkungen, vergleichbar mit Boxhieben, Quetschungen, Schürfungen und Nadelstichen: Unfreundlichkeiten, Unhöflichkeiten, ironische Bemerkungen, sogenannte witzige Anmerkungen, Belehrungen, unachtsame Taktlosigkeiten usw.

Bei jeder Kränkung laufen im Gekränkten, ob bewußt oder unbewußt, vier Prozesse ab: Aggression, Scham, Schmerz und Blockade. Je nach individueller Geschichte und Sozialisation nehmen diese aktivierten Energien unterschiedliche Richtungen mit unterschiedlichen Folgen. Auch die Bewußtheit dieser Prozesse ist höchst unterschiedlich. Während der eine vor allem seinen Ärger wahrnimmt, verfällt ein anderer in eine niedergeschlagene Stimmung, und wieder ein anderer wird krank. Die Scham ist den meisten nur dann bewußt, wenn Dritte Zeuge der Kränkung sind – weshalb eine Kränkung im Beisein anderer auch immer als besonders schlimm empfunden wird. Die Blockade ist den meisten Menschen unbewußt, außer in schweren Fällen von »black out«. Sie äußert sich z.B. in der Unfähigkeit, bei einer Kränkung sofort reagieren zu können. Sprachlosigkeit, wie betäubt sein oder wie erschlagen sein, sind die wahrnehm-

baren Phänomene dieser Blockade. Doch ob bewußt oder unbewußt, die Prozesse finden statt und entwickeln eine weit über
die jeweilige Situation hinausgehende Dynamik, wie die gegenüberliegende Graphik zeigt.

Aggression

Der Angriff auf den bestehenden Befriedigungszustand der Primärbedürfnisse aktiviert das Aggressionspotential. Richtet sich
ein Teil dieser Energie gleich gegen den Kränker, kommt es
entweder zum Ausgleich oder zum Krieg. Oft ist dieser Energie
jedoch der direkte Weg verbaut, entweder durch die eigene
Sozialisation (Aggression darf nicht sein oder ist nicht in adäquater Form erlernt) oder durch die bestehenden Machtverhältnisse, die einen Gegenangriff als nicht ratsam erscheinen lassen.
Gerade im Berufsleben ist es häufig nicht möglich, direkt mit
Gegenaggression zu reagieren. Dann wird sie umgelenkt in Rache:
Der Kränker wird innerlich abgewertet, bei Dritten schlecht
gemacht, seine Wünsche oder Anforderungen werden geschickt
ignoriert, boykottiert, falsch verstanden, als nicht durchführbar
dargestellt, verlaufen im Sand oder werden in Überaktivität
verfälscht und erstickt.

Rache hat die Eigenschaft, daß sie sehr lange, weit über ein
adäquates Ausgleichsmaß hinaus wirksam bleibt. Das Verhängnisvolle dabei ist, daß Rache dem Rächer weitere Kränkungen
einbringt, weil er nun seinerseits Vergeltung für sein Verhalten
provoziert. Ein endloser Schlagabtausch, in dem sich lediglich,
je nach Machtverhältnis, die Waffen unterscheiden, ist in Gang.

Ein Teil der aggressiven Energie richtet sich auch gegen
Unbeteiligte und hierbei gegen Schwächere. »Nach oben buckeln,
nach unten treten« ist ein altbekanntes Phänomen, das dabei
entsteht. Ein weiteres Phänomen dieses Prozesses ist, daß das

Die Dynamik von Kränkungen

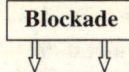

Blockade

Assoziative Reize in der gegenwärtigen Kränkungssituation aktivieren verdrängte ähnliche Erlebnisse, die nun ins Bewußtsein gelangen wollen. Die Verdrängung erfordert einen hohen psychischen Energieaufwand, um die alten Kränkungen von der bewußten Wahrnehmung fernzuhalten.

Folge: Reduzierung der Reaktions- und Handlungsfähigkeit, Dämpfung der Vitalität

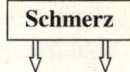

Schmerz

- Psychosomatische Beschwerden, Psychische Störungen, wie z.B. Niedergeschlagenheit, Ängste, Depression, Zwänge, Energielosigkeit, Alkoholprobleme und andere Süchte, Masochismus
- Soziopathologie, wie z.B. Mitleidlosigkeit, Sadismus

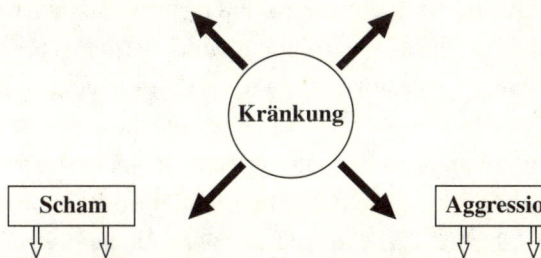

Kränkung

Scham

- Aktivierung von Rachemotiven
- Verminderung der Selbstsicherheit: Wirklichkeit wird so interpretiert, daß sie nicht überfordert. Dies führt zu einer permanenten Einschränkung der Erfahrungen.
- Bestimmte Situationen werden vermieden.
- Angst vor Mißerfolg bestimmt das Handeln.
- Hemmung der Risiko- und Lernbereitschaft sowie
- Blockierung der Kreativität und Handlungsflexibilität
- Fähigkeit, sich Neuem (Menschen, Ideen, Problemen) offen und neugierig zuzuwenden, wird drastisch reduziert.
- Verminderung der Konfliktfähigkeit und der Toleranz gegen sich selbst. Das bedeutet z.B. größere Unfähigkeit, sich eigenes Unwissen einzugestehen, und in der Folge Mangel an Gelassenheit und Souveränität, sich fehlende Informationen und adäquate Hilfe zu beschaffen.

Aggression

- Gegen Kränker:
  1. direkte Gegenaggression
  2. Rache:
     Intrigen gegen den Kränker, ihn abwerten, ihm eins auswischen, sich seinen Wünschen und Forderungen subtil verweigern
- Gegen Unbeteiligte:
  Kränkung wird weitergegeben und setzt bei weiteren Personen dieselbe Dynamik in Gang
- Gegen sich selbst:
  Krankheiten, Depressionen

mit dem Kränkungserlebnis einhergehende Ohnmachtsgefühl und die daraus entstehenden Rachebedürfnisse zum einen nicht auf das Lebensfeld beschränkt bleiben, in dem sie entstanden sind, und zum anderen über lange Zeit hinweg gespeichert bleiben. Häufig sind die Rachemotive dann »schlafende Hunde«, die erst bei gegebenem Anreiz erwachen. Besonders wenn sich ein Mensch im gegenwärtigen Umfeld ohnmächtig erlebt, verschiebt sich das Rachemotiv unbewußt auf einen späteren Zeitpunkt, um dann bei »passender« Gelegenheit zuzuschlagen. Einen solchen Auslöserreiz bieten dann regelmäßig Schwächere und Ohnmächtigere, die wie ein Spiegel die eigene einstige Ohnmacht reflektieren. Das noch unerledigte Ausgleichsmotiv sowie das unbefriedigte Machtbedürfnis verbinden ihre Energien zu einer unheilvollen Allianz, die mangels sozialer Kompetenz in psychischer und/oder physischer Gewalt ihre Befriedigung suchen.

Als Extrembeispiele für das Ausleben solcher späten und verschobenen Rachemotive können Hitler und Stalin gelten. Beide waren in ihrer Kindheit schwersten Mißhandlungen durch ihre brutalen Väter ausgesetzt, ohne auch nur den geringsten Schutz vor dieser Willkür zu erfahren. Es gab offenbar niemanden in ihrer Umgebung, der Mitleid gezeigt und ihnen damit wenigstens gespiegelt hätte, daß das, was ihnen zugefügt wurde, Unrecht ist.[2] Daß diese durch die absolute Ohnmacht und Schutzlosigkeit entstandene Machtbesessenheit und Soziopathologie einen ganzen Kontinent in ein Schlachtfeld verwandeln konnte, ist zwar eine besonders extreme Form der verschobenen Rache für diese einstige Ohnmacht, zeigt aber doch auf sehr eindrückliche Weise die unheilvolle Dynamik von Kränkungen. Was sich da im Großen abgespielt hat, habe ich im Kleinen und Kleinsten unzählige Male erkennen können: Ob in Organisationen, Familien oder Ehen, die (bewußte oder unbewußte) Rache für frühere Kränkungen und Ohnmacht bestimmt einen Großteil des Geschehens.

Dollard el.al. haben schon 1939 ausführlich diese Verschiebungs- und Projektionsmechanismen interkulturell untersucht und beschrieben und sind zu der Aussage gelangt: »Diese Tatsache muß gründlich überdacht werden, wenn die Organisation der Menschheit in kooperative Gruppen verwirklicht werden soll. Daraus geht eindeutig hervor, daß eine – wenn auch nur eine – Möglichkeit, Kriege zu vermeiden, in einer Verminderung intrasozialer Frustrationen besteht.«[3]

Ein Teil der aggressiven Energien wendet sich innerhalb der Ich-Grenze um und richtet sich gegen das eigene Selbst. Die Auswirkungen davon sind unterschiedlichster Art und reichen von chronischen Ermüdungszuständen, geringer Produktivität und Leistungsstörungen über Niedergeschlagenheit und Depressionen bis hin zu manifesten Krankheiten und Unfällen.

Die menschliche Vielfalt und Komplexität findet eben auch hier seinen Ausdruck, und es hängt von der individuellen Konstitution, den Erbanlagen, der Sozialisation und der jeweiligen gegenwärtigen Umwelt ab, in welchem Ausmaß die aggressiven Energien die eine oder andere Richtung nehmen: ob sie sich mehr gegen den Kränker (direkt oder als Rache) richten oder ob sie sich mehr gegen Unbeteiligte als Form von verschobener Rache Ausdruck verschaffen oder ob sie sich innerhalb der Ich-Grenze umwenden und die eigene Person attackieren.

Schmerz

Da Kränkungen psychische Verletzungen sind, reagieren wir wie bei körperlichen Verwundungen mit Schmerzgefühlen. Körperlicher Schmerz hat die Funktion, uns darauf hinzuweisen, daß ein dem Organismus schädlicher Prozeß im Gange ist, der nach adäquater Reaktion verlangt. Wenn Ihnen der Schmerz z.B. meldet, daß eine Streichholzflamme Ihre Haut verbrennt oder

71

daß ein eingedrungener Holzsplitter Entzündungsprozesse ausgelöst hat oder daß ein Zahn nicht in Ordnung ist, so ist dies die Aufforderung Ihres Körpers an Sie zum Vermeiden bzw. Entfernen der zerstörerischen Einwirkung bzw. zum Reparieren der Schädigung. Die Schmerzempfindungen sind also ein wichtiges Warnsystem des Körpers.

Mit den psychischen Schmerzprozessen ist es nicht anders – und doch werden sie in geradezu gefährlicher Weise vernachlässigt. Der nicht einfühlsame und meist gewaltsame Umgang mit kindlichen Äußerungen (z.B. Schreien, Trotz, Verweigerungen) von psychischen Schmerzgefühlen führt schon früh zu deren Verdrängung und Ignorierung. Die Folge ist eine ungenügende Kompetenz, negative Einwirkungen frühzeitig zu erkennen und zu identifizieren sowie eine wenig ausgebildete Fähigkeit, psychisch schädliche Felder von psychisch nährenden Feldern zu unterscheiden. Menschen mit erfolgreichen Karrieren können im Gegensatz zu Menschen mit Versagerkarrieren für sich günstige Felder erkennen und aufsuchen und ungünstige Felder schnell verlassen, wenn diese sich als unveränderbar erweisen. Es erstaunt mich immer wieder, wie lange viele Menschen brauchen, ehe sie überhaupt wahrnehmen, wie schädlich und vergiftend eine bestimmte Umgebung oder bestimmte Personen für sie sind. Manchmal wird ihnen dann erst in der Therapie, wenn sie lernen, sehr genau wahrzunehmen, deutlich, welchen destruktiven Einflüssen sie sich aussetzen, ohne etwas dagegen zu unternehmen.

Die verdrängte psychische Schmerzenergie nimmt wiederum zwei mögliche Richtungen. Entweder sie führt zu Angst und psychischen Störungen aller Art (Neurosen, Süchte, Zwänge, Masochismus usw.) oder/und zu einer Soziopathologie (Mitleidlosigkeit, Sadismus). Wer den eigenen Schmerz nicht mehr wahrnimmt, ist auch nicht in der Lage, fremden Schmerz nachzuempfinden oder gar zu antizipieren. Eltern, die ihre Kinder schlagen oder sie mit abwertenden Bemerkungen oder Beurteilungen kränken, rechtfertigen diese Gewalt meist mit dem Hinweis, daß es ihnen selbst ja auch nicht geschadet habe. Eine solche Verdrängung und Ignorierung der eigenen kindlichen Demütigung und des eigenen kindlichen Leids erzeugt zwangsläufig Demütigung und Leid. Alkoholismus und andere Süchte müssen als Versuche angesehen werden, psychische Schmerzen zu betäuben. Fatalerweise erhöhen sie lediglich die Unfähigkeit, das Umfeld in der gewünschten Weise beeinflussen zu können, und verstärken somit die Ohnmacht.

Scham

Jede Kränkung beschämt den Gekränkten. Kränkungen sind ein Raub am Zustand der Grundbedürfnisse, der wiederum ausschlaggebend ist für die Selbstachtung und das Selbstbild des einzelnen. Insofern ist jede Kränkung immer eine Überschreitung der Grenzen des einzelnen, durch die seine Selbstachtung und sein Selbstbild tangiert wird. Die Tatsache, daß der Aggressor es wagt, die Grenze zu überschreiten, wird als Schande empfunden. Es wird zum Teil als eigenes Versagen erlebt, daß man vom Kränker offensichtlich als nicht wichtig genug, nicht geachtet genug, nicht mächtig genug wahrgenommen wird, daß er sich erlaubt, die Grenzen zu verletzen und am psychischen Besitzstand zu rauben. Wird jemand Zeuge dieser Mißachtung, erhöht dies das Schamgefühl, da die »Schande« damit öffentlich wird. Eine Belehrung oder ein Tadel (Frustration der Sicherheits-, Loyalitäts- und Wertschätzungsbedürfnisse) seitens des Chefs vor Kollegen wird stets als eine solche Schande erlebt – und sichert ihm Feindschaft und Rache, auch wenn dies auf den ersten Blick nicht erkennbar sein mag.

Da der Schamenergie in unserer Kultur weniger Aufmerksamkeit gewidmet wird, ist sie häufig verdeckt durch die Aggression, d.h., es wird vorwiegend der Ärger wahrgenommen. Die unbewußte Scham zeitigt jedoch eine Reihe von Konsequenzen. Um eine solche wie auch immer geartete »Schande« nicht wieder erleben zu müssen, werden unbewußt Sicherheitsvorkehrungen getroffen. Der eigene Verhaltens- und Aktionsradius wird eingeschränkt, in der Hoffnung, damit Angriffe einzuschränken bzw. zu vermeiden. »Möglichst wenige Entscheidungen treffen und die Dinge sich von selbst erledigen lassen, dann kann einem niemand Fehler vorwerfen«, erklärte mir ein von seinem Chef gekränkter Mitarbeiter seine seit längerem praktizierte Arbeitsdevise. Da solche Reaktionen dem Erfolg des Chefs wenig zuträglich waren und dieser sich wiederum von seinen Mitarbeitern im Stich gelassen fühlte, war durch die gegenseitige Kränkungsdynamik ein im Grunde erfolgversprechendes Umstrukturierungsprojekt in einem lähmenden Chaos mit hohen krankheitsbedingten Fehlzeiten gelandet. Lähmend deshalb, weil die Fähigkeit, mit Chaos konstruktiv und kreativ umgehen zu können, befriedigte Sicherheits- und Wertschätzungsbedürfnisse voraussetzt und gerade dies bei Kränkungen nicht gegeben ist.

Da Fehler oder etwas nicht sofort zu beherrschen sehr häufige Auslöser für Kränkungen (ungeduldige oder herablassende Belehrungen, Beschimpfungen, lächerlich gemacht werden) sind und als Versagen erlebt werden, hat dies eine zunehmende Intoleranz gegenüber Fehlern bei sich selbst und/oder anderen zur Folge, was wiederum zu einer mangelnden Souveränität im Umgang mit Fehlern führt. Zum einen wird nicht offen und rechtzeitig genug um Hilfe und Unterstützung nachgesucht, weil es als beschämend empfunden wird, es nicht selbst zu wissen oder zu können; zum anderen wird nach möglichen Schuldigen gefahndet, um die »Schande« von sich abzuwenden. Da diese Sündenbocksuche ihrerseits viele Kränkungen bewirkt, werden in diesem Prozeß ungeheure Energien und Ressourcen verschwendet, die nun nicht mehr für kreative Problemlösungen und höhere Produktivität zur Verfügung stehen.

Schande und Scham spielen in unserer Kultur also eine ebenso bedeutsame Rolle wie in Asien – nur eben nicht so offen benannt, weswegen die Reaktionen darauf meist unbewußt bleiben.

Blockade

Die bei Kränkungen auftretende Blockade entsteht durch zwei gegenläufige Tendenzen. Da ist zum einen das Bedürfnis nach Ganzheit, d.h. nach vollendeten Gestalten (vgl. Kapitel 6: »Die Polarität der Motive«). Dieses Bedürfnis bewirkt, daß wichtige unerledigte Situationen aus unserer Vergangenheit durch assoziative Reize in der gegenwärtigen Kränkungssituation aktiviert werden und ins Bewußtsein drängen möchten, um verarbeitet zu werden. Da jedoch diese alten Kränkungen immer auch schmerzvoll waren, wird nun die Tendenz der Schmerzvermeidung aktiv, die mit immenser Energie versucht, vergangene Verletzungen aus dem Bewußtsein fernzuhalten. Meist gelingt dies auch, doch häufig dringen Teile der betreffenden Gefühle ins Bewußtsein, aber ohne die dazugehörigen Situationen. Meist verläuft dieser Prozeß völlig unbewußt. Manchmal wird er wahrnehmbar, wenn wir in einer aktuellen Situation gefühlsmäßig inadäquat reagieren, d.h., wenn wir spüren, daß die Gefühle (sei es Wut, Ärger, Trauer, Enttäuschung oder Scham) für den gegenwärtigen Anlaß zu stark sind.

Ein Beispiel: Ein sehr jähzorniger Abteilungsleiter, der sich mit seinem unbeherrschten Verhalten immer wieder in schwierige Situationen (und Rachedynamiken) brachte, erkannte, daß er immer dann jähzornig reagierte, wenn er in irgendeiner Form eine Mißachtung seiner Person vermutete. Er war der Meinung, daß diese unliebsame Eigenschaft eben in seiner Mentalität läge und er wenig dagegen tun könne. So erzählte er, er wäre schon als Kind sehr schlimm gewesen und hätte seiner Mutter viel Kummer bereitet, z.B. als er als Fünfjähriger einmal auf dem Friedhof seines Dorfes sämtliche Allerheiligenlichter zerstörte – mit Ausnahme des Lichtes einer Nachbarin. Die genaue Betrachtung der kindlichen Situation förderte zutage, daß er von der Dorfgemeinschaft als unerwünschter Außenseiter behandelt worden war, weil seine Eltern sich hatten scheiden lassen (zu dieser Zeit in dieser Umgebung ein Skandal). Einzig die Nachbarin war immer nett zu ihm gewesen. Ihm wurde klar, daß er sich der kindlichen Demütigung, seiner Trauer und Beschämung nicht bewußt war und auch nicht seines Bedürfnisses, von den anderen wertgeschätzt und als zugehörig behandelt zu werden. Diese Gefühle und Bedürfnisse waren vollkommen von Trotz und Aggression überdeckt gewesen.

Eine solche unerledigte alte Kränkung wird bei einem entsprechenden Reiz (in diesem Fall genügte schon der Verdacht auf Mißachtung oder Ausgrenzung) aktiviert, und die alten, schon damals vorherrschenden Gefühle überfluten die jetzige Situation – die dazugehörige alte Situation und die verdrängten Gefühle aber bleiben vom Bewußtsein ausgeschlossen.

Der enorme Energieaufwand, mit dem wir unbewußt dafür sorgen, daß die alten unerledigten Kränkungen aus dem Hintergrund nicht ins Bewußtsein gelangen, bewirkt, daß uns in Kränkungssituationen und lange darüber hinaus nicht unser nötiges Energiepotential für kreatives und tatkräftiges Handeln zur Verfügung steht und wir uns statt dessen blockiert, niedergeschlagen, nervös oder erschöpft fühlen. Die Blockade führt aber auch dazu, daß wir selbst bei nächster Gelegenheit blindlings zum Kränker werden. Kränkendes Verhalten entsteht immer durch eigene nicht verarbeitete Kränkungen.

Immer wieder habe ich ohne Ausnahme die Erfahrung gemacht, daß besonders kränkende, zynische, rüde, arrogante, ironische oder gar brutale Menschen in ihrer Vergangenheit extreme Kränkungen erlitten haben (die sie nicht adäquat verarbeitet haben) bzw. sie in einem anderen Lebensfeld gegenwärtig noch immer erleiden. Mangelnde Geborgenheit und fehlendes Wohlwollen führen dazu, daß vor der Begegnung mit den verletzten, schmerzlichen und beschämten Gefühlen zurückgeschreckt wird und als Ersatzgefühle Arroganz und Aggression entwickelt werden. Persönlichkeitsentwicklung kann deshalb nur dann wirklich und langfristig erfolgreich sein, wenn eine grundsätzlich wertschätzende Atmosphäre herrscht. Da unverarbeitete Kränkungen außerdem die unangenehme Eigenschaft besitzen, Wiederholungen zu provozieren (der Gekränkte strukturiert unbewußt seine zwischenmenschlichen Beziehungen so, daß er immer wieder mit ähnlichen Kränkungen konfrontiert wird), entsteht dadurch eine unheilvolle Dynamik von gekränkt werden und andere kränken. Ein Ausstieg aus diesem Teufelskreis durch die »Erledigung« der widerfahrenen alten Kränkungen ist deshalb die Grundvoraussetzung für eigenes Wohlbefinden und für die Entwicklung von natürlicher Autorität.

Kränkungen – die Unterdrücker des Leistungs- und Kreativitätspotentials

Aus der beschriebenen Dynamik wird deutlich, daß durch Kränkungen eine Unterdrückung des persönlichen Potentials entsteht. Erlittene Kränkungen führen zu einer Dämpfung der Vitalität, zu einer Einschränkung der Erlebens- und Erfahrungsbereitschaft, zur Verzerrung der Wahrnehmung und zu einem Verhalten, das der Entwicklung des persönlichen Potentials im Wege steht. Das Kränken anderer unterdrückt deren Potential und löst eine offene und subtile Rachedynamik aus, die letztlich dazu führt, daß man das Gewünschte nicht erreicht bzw. bekommt.

Die Bedeutung von Kränkungen geht jedoch weit über die Beeinträchtigungen auf der persönlichen Ebene hinaus. *Auf unternehmerischer Ebene muß kränkendes Führungsverhalten wegen der weitreichenden Auswirkungen als der schwergewichtigste Faktor zur Erfolgsverhinderung gesehen werden, sowohl in bezug auf Leistungsfähigkeit, Produktivität und Kreativität als auch in bezug auf Fehlzeiten.* Synergien können sich nur dann entwickeln, wenn sich die Kommunikation zwischen den Beteiligten weitgehend kränkungsfrei bzw. bedürfnisbefriedigend abspielt. Jede Kränkung ist also eine Verhinderung von Synergie.

Unter diesem Gesichtspunkt muß die Art und Weise, wie derzeit in vielen Unternehmen umstrukturiert wird, als ein katastrophaler Mangel an vernetztem Denken betrachtet werden, da die unsichtbaren Kräfte keine Berücksichtigung finden. Zumeist wird dabei in einem derart großen Stil gekränkt, daß statt einer Motivation eine Demotivation und Rachedynamik ausgelöst wird, die mit Sicherheit das eigentlich angestrebte Ziel in vielen Fällen sabotieren wird.

»Das Ganze ist mehr als die Summe seiner Teile« lautet eines der wichtigsten Gesetze der Gestaltpsychologie, und es ist zugleich das grundlegende Gesetz der Synergie. Synergie bezeichnet das Zusammenwirken verschiedener Kräfte und Faktoren zu einer Gesamtkraft im Dienste einer abgestimmten Gesamtleistung. Burow[4] bezeichnet als Synergie das »optimale und lustvolle« Einbringen des individuellen Potentials zur Realisierung eines Ziels, wobei sich die unterschiedlichen Anteile bei Akzeptierung der vorhandenen Gegensätze ergänzen und ihre synergetische Zusammenführung etwas qualitativ Neues hervorbringt, das mehr ist als nur die Addition der einzelnen Anteile. Synergetische Prozesse sind deshalb so faszinierend und erfolgreich, weil sie nicht völlig neue Ressourcen erfordern, sondern mit den vorhandenen Mitteln arbeiten, indem sie dazu beitragen, diese optimal zu organisieren und damit zu entscheidenden Quellen für Potentialentwicklung, Leistungssteigerung und Kreativität werden.

Ob im beruflichen oder privaten Umfeld, ob interpersonell oder intrapersonal, Erfolg und Zufriedenheit hängt immer von der geglückten Harmonisierung der vorhandenen Energien ab. Neben dem Praktizieren eines weitgehend kränkungsfreien Verhaltens ist der Mut zur Übernahme der Selbstverantwortung für das eigene (evtl. unbewußt kränkende und damit erfolgsverhindernde) Verhalten und seine Wirkung im Umfeld der unverzichtbare Kern erfolgreichen und synergieerzeugenden Handelns.

Ein Beispiel, das diese Verantwortlichkeit verdeutlicht: Bei einem Vertriebsleiter fand eine Besprechung mit Kunden statt, zu der auch zwei Mitarbeiter der Produktionsabteilung gebeten wurden. Die Besprechung verlief engagiert und versprach einen erfolgreichen Abschluß. Zur Mittagszeit lud der Vertriebsleiter die Kunden zum Essen ein und sagte zu den beiden Mitarbeitern: »Wir sehen uns dann wieder um 15.00 Uhr!« Die Fortsetzung des Treffens am Nachmittag, bei dem eigentlich nur noch die abschließenden Modalitäten besprochen werden sollten, verlief dann zur ärgerlichen Überraschung des Vertriebsleiters zäh und ohne zufriedenstellendes Ergebnis. Warum? Es ist eine Utopie, daß berufliche Verhandlungen in der Hauptsache auf der Sachebene stattfinden. Der rationale Sachaspekt einer Kommunikation beläuft sich meist auf nicht mehr als 25 Prozent des Gesamtgeschehens, den Großteil bestimmen Emotionen, Befindlichkeiten, Interpretationen und Intuitionen. Rein sachlich gesehen sprachen die Ergebnisse des Vormittags für einen runden, erfolgreichen Abschluß. Das Gegenteil war der Fall: Widerstände und Einwände von Seiten der Produktionsmitarbeiter (natürlich ganz sachlich vorgebracht und rational begründet!) veränderten die Situation grundlegend. Dabei handelte es sich um Gegebenheiten, die durchaus schon am Vormittag behandelt worden waren, ohne als so schwerwiegend zu gelten, wie dies dann am Nachmittag der Fall war.

Hätte der Vertriebsleiter die Wirklichkeit der Produktionsmitarbeiter wahrgenommen und geachtet, dann hätte er zur Erhaltung des produktiven Energieniveaus das Wertschätzungs- und Anerkennungsbedürfnis der Produktionsmitarbeiter befriedigen, d.h. sie zum Essen miteinladen müssen. Dann hätte er von ihnen auch das von ihm gewünschte weitere Engagement erwarten können. So aber hat er das Team aufgelöst und damit die Produktionsmitarbeiter diskriminiert (»Wir waren ihm für ein gemeinsames Essen nicht wichtig genug.«). Er hat sie vor den Augen der Kunden gekränkt – und ist prompt der subtilen Rache anheimgefallen. Er hat sich unbewußt seinen Erfolg selbst sabotiert.

Kränkungen dieser Art werden jedoch meist nicht einmal als Kränkung wahrgenommen. Sie gelten als selbstverständliches Gebaren und jemand, der offen ausspricht, daß ihn so etwas kränkt, gilt als überempfindlich. Doch wie man das auch bewerten mag, die Bewertung verhindert nicht die Konsequenzen – und diese sind synergie- und erfolgshemmend.

Eine Führungskraft mag noch soviel Wissen und Know how besitzen, wenn sie nicht die nötige soziale Kompetenz beherrscht, übersteigt der Schaden, den sie anrichtet, bei weitem den Nutzen, den ihr Wissen dem Unternehmen bringen kann. Denn dieses möglicherweise herausragende fachliche Können wird niemals imstande sein, das durch Kränkungen blockierte Können einiger oder vieler aufzuwiegen. So wurde mir z.B. vor kurzem von mehreren Mitarbeitern der unterschiedlichsten Hierarchieebenen eines Konzerns berichtet, daß sich ein neuer Bereichsleiter seinen Führungskräften drohend mit ungefähr folgenden Worten vorstellte: »Ich habe der Geschäftsleitung bei meiner Einstellung zugesagt, daß ich in unserem Bereich innerhalb eines Jahres 50 Prozent der Mitarbeiter abbauen werde. Wenn ich das nicht schaffe, muß ich gehen. Aber ich verspreche Ihnen, wenn ich gehen muß, werden *Sie* mitgehen!« Innerhalb weniger Tage hatte dieser Ausspruch durch alle Hierarchien die Runde gemacht und dem Mann erbitterte Feindschaft eingebracht. Die Kommentare reichen von »Das werden wir sehen, wer hier gehen muß!« bis »Wenn das so ist, dann soll er seinen Mist doch gleich alleine machen. Von mir bekommt er jedenfalls keine Unterstützung, und wenn mich das meinen Kopf kostet.« Abgesehen davon, daß der Bereichsleiter mit seinem unsensiblen Ausspruch seine eigene Erfolgschance schwerstens sabotiert hat, hat er dem Unternehmen höchsten Schaden zugefügt, indem er in kürzester Zeit das Potential von mehreren hundert Mitarbeitern blockiert und eine Rachedynamik ausgelöst hat, die er wohl schwer wieder auflösen kann.

Es wäre jedoch eine Illusion zu glauben, man könne jegliche Kränkung vermeiden. Wir werden uns immer wieder in Situationen befinden, in denen Kränkungen unumgänglich sind oder wir feststellen müssen, daß wir jemanden unabsichtlich gekränkt haben. Abgesehen von notwendigen Kritiken sind häufig sachliche oder persönliche Entscheidungen zu treffen, die für andere eine Kränkung bedeuten. Das Wissen um die Dynamik von Kränkungen und ein Handeln, das unnötige Kränkungen vermeidet, gehört zur Grundvoraussetzung für die Entwicklung natürlicher Autorität. Genauso wichtig ist jedoch auch die Fähigkeit, bei geschehenen Kränkungen die Rachedynamik unterbrechen zu können. Die Feststellung des Afrikaforschers Frobenius, daß eine schwierige Zauberkunst dazugehöre, Blut fließen zu lassen und nicht der Rache des Blutes anheimzufallen, gilt nach meinen Erfahrungen gleichfalls für die Dynamik des »psychischen Blutes«: Es gehört eine schwierige Zauberkunst dazu zu kränken, ohne der Rache der Kränkung anheimzufallen. Um diese »Zauberkunst« zu entwickeln, ist eine sensible Wahrnehmung für Kränkungen unabdingbar, wofür als erstes die eigenen Reaktionen auf Kränkungen genau beobachtet werden müssen. Welche Situationen, Worte, Gesten empfinden Sie selbst als kränkend, und wie reagieren Sie? Was müßte die kränkende Person tun, um Sie zu versöhnen? Womit könnte bei Ihnen die Rachedynamik unterbrochen werden?

Ein bemerkenswertes Phänomen, das ich häufig beobachten kann, ist die Tatsache, daß sich sehr viele Menschen selbst kränken, indem sie sich nicht die innere Erlaubnis geben, mit sich selbst wohlwollend umzugehen. Und in der Folge davon sind sie überzeugt, daß auch die Umwelt nicht wohlwollend sein kann. Daraus resultiert ein Verhalten, das die Umwelt dann tatsächlich veranlaßt, sich von ihren harten und unangenehmen Seiten zu zeigen. Umgekehrt zieht die Fähigkeit, mit sich selbst wohlwollend umzugehen, unweigerlich nach sich, daß auch die Umwelt sich wohlwollend verhält. Ein wichtiger Aspekt in der Arbeit der Selbsterkenntnis muß sich somit mit der Frage beschäftigen, welche inneren Kräfte miteinander im Kampf liegen und so verhindern, daß eine Harmonie der eigenen psychischen Energien entstehen kann. Denn der innere Kampf wird immer auch in der äußeren Welt seinen Ausdruck finden, indem die unterdrückten Kräfte sich unbewußt Verbündete suchen, so daß sich der innere Kampf als Kampf des Individuums mit der Umwelt spiegelt.

Es geht um ein Wahrnehmen und Handeln jenseits von Angst, Manipulation und Gewalt: Anderer Menschen Realitäten, Motive und Hintergründe zu erkennen ist nicht nur notwendig, um ihnen gerecht werden zu können und ihr Potential entwickeln zu helfen, es ist auch notwendig, um sich selbst besser schützen zu können vor destruktiven Kritiken, Angriffen und Übergriffen. Eine erhöhte Wachsamkeit und Wahrnehmung bezüglich der Energien, die von verschiedenen Menschen und ihren Botschaften ausgehen, lassen uns bedeutend effektivere, bewußte Schutzschilder entwickeln. Der zerstörerischen Wirkung von Kränkungen kann mit ganz anderen Methoden und auf ganz andere Weise begegnet werden, wenn man sich auf die dahinterliegende Motivstruktur des Kränkers konzentriert. So wird z.B. mit der Konzentration auf die Frage »Welches Motiv steuert diese Kränkung?« einerseits einem Großteil der negativen Energie, die durch die Kränkung erzeugt wird, die Wucht genommen, und sie wird umgelenkt auf die Person, durch die sie aktiviert wurde. Zum anderen ergeben sich aus dem Erkennen der Motive völlig neue Möglichkeiten des wirksamen Handelns.

6
Die Polarität der Motive

Andere zu erkennen,
ist klug.
Sich selbst zu erkennen,
ist weise.

Laotse

Jeder Wahrnehmung, jedem Erleben und jedem Handeln liegt ein Motiv zugrunde, auch wenn dieses manchmal schwer erkennbar und dem Betroffenen selbst häufig unbewußt ist. Die Motive liefern die Antriebsenergie für jegliches Wahrnehmen, Erleben und Verhalten. Die Energien der Motive sind die Lebensenergie schlechthin. Insofern gibt es kein unmotiviertes Verhalten, es kann nur unterschieden werden zwischen beabsichtigtem Verhalten, d.h. einem Verhalten, das einem bewußten Zweck oder Ziel dient, und unbeabsichtigtem Verhalten, dessen Motive und Ziele unbewußt sind.

Wie das Magnetfeld der Erde ist auch das menschliche Gehirn in zwei komplementäre Hälften geteilt. Während in der linken Gehirnhälfte Prozesse des analytischen und kausal-linearen Denkens, schlußfolgerndes und abstraktes Überlegen stattfinden, steuert die rechte Gehirnhälfte die ganzheitliche Wahrnehmung, die Intuition, das Zusammenfügen von Einzelteilen zu einem Ganzen. Erst das Zusammenwirken, d.h. die Einheit dieser Polaritäten führt zu unseren Fähigkeiten der Wahrnehmung, des Fühlens, des Erkennens und Denkens.

In diesem Spannungsfeld der Polaritäten bewegt sich alles Leben und natürlich auch unsere menschliche Psyche. Sämtliche

Grundbedürfnisse bzw. -motive stehen in dem Spannungsfeld einer Polarität. Dieses Spannungsfeld der Polarität wurde jedoch bisher in keiner Motivationstheorie umfassend berücksichtigt, wenngleich z.B. in der Psychologie von C.G. Jung das Gegensatzprinzip einen zentralen Stellenwert einnimmt und die angestrebte Individuation im Sinne Jungs die Entwicklung von Gegensätzen zur Ganzheit bedeutet: »Eine psychologische Theorie, die mehr sein soll als bloß technisches Hilfsmittel, muß sich auf das Gegensatzprinzip gründen; denn ohne dieses könnte sie nur eine neurotisch unbalancierte Psyche rekonstruieren. Es gibt kein Gleichgewicht und kein System mit Selbstregulierung ohne Gegensatz.«[1] (Jung hat das Gegensatzprinzip jedoch nicht generell auf die menschlichen Motivstrukturen angewendet, sondern es eher als Thema der zweiten Lebenshälfte betrachtet: »Das Gegensatzproblem als ein der menschlichen Natur inhärentes Prinzip bildet eine weitere Etappe unseres fortschreitenden Erkenntnisprozesses. Dieses Problem ist in der Regel ein Problem des reiferen Alters.«[2])

Ihren konsequenten Niederschlag findet die Polarität allen Seins im chinesischen Taoismus bzw. Universismus. In dieser jahrtausendealten und ewig jungen Philosophie wird der ganze Kosmos als gewaltiger Organismus begriffen, in welchem die beiden Urgewalten Yin und Yang die Ursachen des unaufhörlichen Wandels und Wechsels aller Dinge sind. Yang gilt als das männliche, zeugende, schöpferische, aktive und lichte Prinzip, Yin als das weibliche, empfangende, verhüllende, passive und hingebende Prinzip. Beide sind Gegensätze, die sich ergänzen – nicht Gegensätze, die sich bekämpfen. Im gesetzmäßigen Turnus lösen sie einander ab und bringen durch ihr Zusammenwirken alle Erscheinungen im Kosmos hervor. Diese beiden Urenergien, die ihre Macht in einem ständigen Wechselspiel von Positivem und Negativem, von Bewegung und Ruhe, von Härte und Weichheit, von Geben und Nehmen manifestieren, werden ihrerseits wiederum als die beiden Seiten des All-Einen, im ständigen Wandel befindlichen Seienden begriffen.[3]

Nun lassen sich die Motive ja nicht direkt beobachten und messen, sondern müssen durch ihre Auswirkungen im Erleben und Verhalten erschlossen werden. In der psychotherapeutischen Arbeit werden tiefste Einblicke in die menschliche Psyche, ihre Dynamik und ihre unzähligen Ausdrucksformen gewährt. Was sich für mich dabei herauskristallisiert hat, ist ein relativ einfaches Modell der individuellen menschlichen Motivstruktur. Eine Motivstruktur, die, wie ich meine, kulturübergreifend ist, also für alle Menschen gilt. Doch wie das so ist mit den scheinbar einfachen Gegebenheiten – sie sind natürlich hochkomplex. Mir drängt sich in diesem Zusammenhang der Vergleich mit dem menschlichen Gesicht auf. Ein Gesicht besteht – kulturübergreifend, die ganze Menschheit betreffend – aus den Gesichtsknochen, der Haut, zwei Augen, einer Nase und einem Mund. Ganz einfach. Nur ein paar Gegebenheiten. Und doch haben unter Millionen von Menschen kaum zwei das wirklich gleiche Gesicht.

Ähnlich einfach und zugleich hochkomplex verhält es sich mit der Motivstruktur der menschlichen Psyche. Nur wenige Grundbedürfnisse bilden die Motivmatrix menschlichen Erlebens und Verhaltens – und doch ist jeder einzelne in der Ausprägung seiner Motivstruktur und der sich daraus ergebenden Ausdrucksform individuell sehr verschieden von anderen.

Der Darstellung der menschlichen Primärmotive die Form eines Rades zu geben, scheint mir passend für die zugrundeliegende Dynamik der Motive. Das Rad gilt als uraltes Symbol für die Dynamik von zyklischer Entwicklung, von Werden und Vergehen, vom ewigen Kreislauf der Jahreszeiten oder auch des menschlichen Geschicks. Es ist ein Symbol des steten Wandels. Und diese Symbolik sowohl des Wandels als auch des Kreislaufs, d.h. der ständigen Wiederkehr, wenn auch in neuem Gewand oder in neuer Form, entspricht der Dynamik der menschlichen

Motive. Auch sie zeichnen sich aus durch einerseits ständiges Werden und Vergehen – je nach Befriedigungsgrad des gerade im Vordergrund stehenden Bedürfnisses – und andererseits durch die Beständigkeit des Kreislaufs, der ewigen Wiederholung weniger Grundmotive, die lediglich in ihren Ausdrucksformen und in ihrer Stärke dem Wandel der Zeiten, Kulturen, Gesellschaften und Individuen unterworfen sind.

Das Rad der Motive

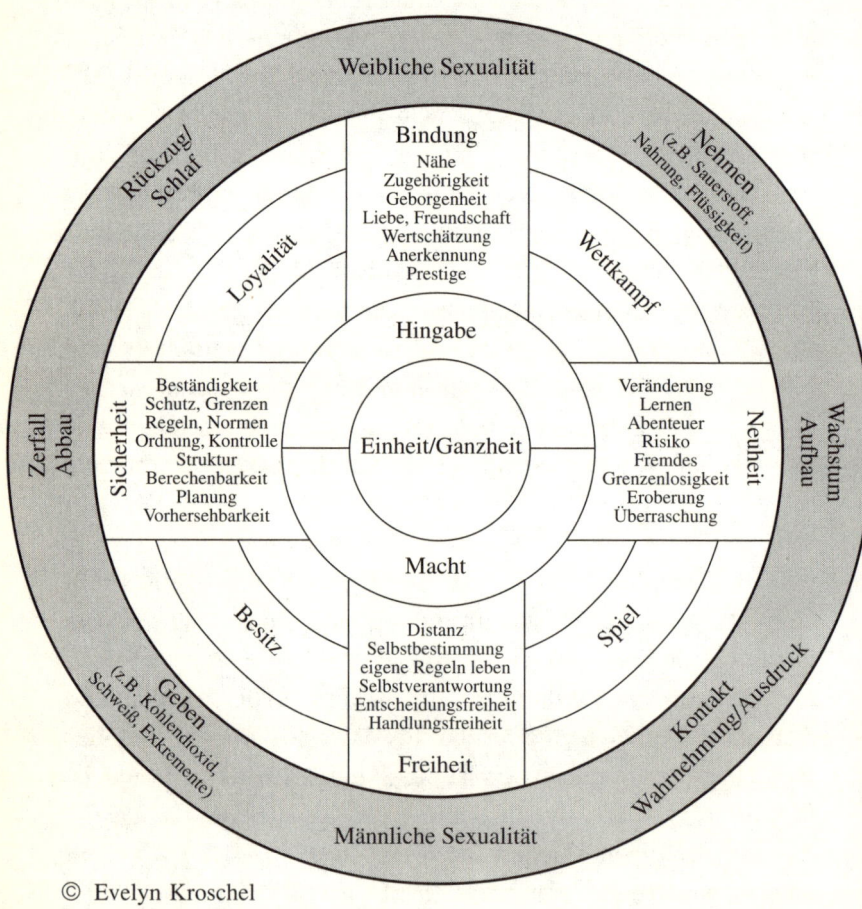

© Evelyn Kroschel

88

Einheit/Ganzheit

Auf einer höchsten Ebene muß das Bedürfnis nach Einheit als Transzendenzbedürfnis gesehen werden, als das spirituelle Bedürfnis, als individuelle Existenz in einer göttlichen oder kosmischen Einheit aufzugehen. Albert Einstein bezeichnete es als optische Täuschung, daß wir separate, vom Ganzen getrennte Individuen seien, und hält es für unsere höchste Aufgabe, diese Täuschung zu beseitigen: »Ein menschliches Wesen ist ein Teil des Ganzen, das wir 'Universum' nennen, ein in Raum und Zeit begrenzter Teil. Es erfährt sich selbst, seine Gedanken und Gefühle als etwas von allem anderen getrenntes – eine Art optische Täuschung seines Bewußtseins. Diese Täuschung ist für uns eine Art Gefängnis, das uns auf unser persönliches Verlangen und unsere Zuneigung für einige wenige uns nahestehende Personen beschränkt. Unsere Aufgabe muß es sein, uns aus diesem Gefängnis zu befreien.«[4]

Echtes religiöses und spirituelles Empfinden und Handeln ist somit Ausdruck des Einheits- und Ganzheitsmotivs. Das heißt jedoch nicht, daß religiöses Handeln oder spirituelle Sehnsucht stets auf dieses höchste Einheitsbedürfnis zurückzuführen ist. Religiöses Handeln gründet häufig auf den Bedürfnissen nach Sicherheit, Zugehörigkeit, Prestige, Unterwerfung oder Macht. Und spirituelle Sehnsüchte sind nicht selten Reaktionen auf Ohnmacht und Erfolglosigkeit im Alltag, also motiviert durch die Bedürfnisse nach Sicherheit, Wertschätzung, Neuheit, Freiheit und Macht.

Das Bedürfnis nach Einheit und Ganzheit bezieht sich auf alle Aspekte der menschlichen Existenz und findet am wahrnehmbarsten auf der biologischen Ebene seinen Ausdruck. Es kann kein Einatmen geben ohne Ausatmen, keine Sauerstoff-, Flüssigkeits- und Nahrungsaufnahme ohne nicht auch den Gegenpol des Abgebens leben zu müssen. Die Polarität Kontakt ist nicht lebbar ohne die Polarität Rückzug, und die Einheit der Polaritäten Wachstum/Aufbau und Zerfall/Abbau finden im Homöostase-Bestreben des Organismus ihren Ausdruck. Die Folgen einer Vernachlässigung einer Polarität auf der körperlichen Ebene sind meist schnell spürbar und führen leicht zu Krankheit oder Tod. Erst durch die Integration der physischen und psychischen Polaritäten zu einer Einheit sind wir lebens- und glücksfähig.

Auf der psychischen Ebene ist dieses Motiv schon komplexer, störanfälliger und verleugbarer. So kann hier die sozialisationsbedingte Dominanz einer Polarität dazu führen, daß man auf einen Pol besonders fixiert ist und das gegensätzliche Motiv nicht genügend wahrnimmt und adäquat befriedigt. Damit wird eine Einheit und Harmonie der Energien verhindert und das eigene Potential blockiert. Das unbewußte und vernachlässigte Motiv veranlaßt dann häufig, sich einen Partner zu suchen, der stellvertretend für einen selbst die abgespaltene Polarität lebt. Die Krux dabei ist, daß man dann meist unter dieser Situation leidet und das Anderssein des Partners bekämpft, ohne zu erkennen, daß er das von der eigenen Ganzheit Abgespaltene repräsentiert.

Ein Klient, der sich selbst als sehr großzügig, dem Luxus zugeneigt, verschwenderisch und hauptsächlich neuheits-, spiel- und freiheitsmotiviert erlebte, kritisierte an seiner Frau, daß sie so sparsam sei, daß sie sorgfältig ihre Kontoauszüge kontrolliere, daß sie jede Ausgabe genau plane. Außerdem empfand er es als Fessel, daß sie immer nur mit ihm etwas unternehmen wollte und offenbar kein Interesse an neuen Menschen hatte. Ihm war das Ganze zu eng und zu beständig, und er befand sich dauernd auf Abenteuersuche. Bis zu dem Zeitpunkt, als seine Frau ihm eröffnete, daß sie sich scheiden lassen wolle und ein beruflich verlockendes Angebot in einer anderen Stadt annehmen werde. Er war völlig fassungslos und konfus. Allmählich wurde ihm klar, daß er seine Sicherheits- und Bindungsbedürfnisse bisher völlig ausgeblendet hatte. Seine Frau hatte diese Polaritäten für ihn mitgelebt und ausgedrückt, so daß er in der Illusion verharren konnte, für ihn seien nur die Neuheits-, Spiel- und Freiheitsmotive von Bedeutung. Nun sah er sich mit seinen Bedürfnissen nach Berechenbarkeit, Planbarkeit und Beständigkeit, nach Geborgenheit und Zugehörigkeit konfrontiert, und er fühlte sich völlig hilflos. Er erkannte sich selbst kaum wieder. Er, der nichts mehr haßte, als sich festzulegen, brauchte nun sichere Zusagen von seiner Frau, wann sie heimkomme oder wann sie mit ihm etwas unternehmen wolle. Daß seine Frau sich in der anderen Stadt eine luxuriöse Dachwohnung leistete, empfand er nun als bedenkliche Verschwendung. Er ertappte sich dabei, daß er genau diejenigen Verhaltensweisen an den Tag legte, die er an seiner Frau immer kritisiert hatte. Er kontrollierte genau den Kontostand, rechnete und plante. Er hatte kein Interesse mehr an anderen Frauen und fand nichts verlockender, als die Sicherheit und Geborgenheit seiner ehelichen Beziehung.

Der Mechanismus, das Motiv der Ganzheit unbewußt dadurch zu leben, daß man sich zur Vervollständigung einen passenden Partner sucht, ist grundsätzlich nicht negativ. Er führt nur dann zur Unterdrückung des eigenen Potentials, wenn diese Komplementarität nicht erkannt und gewürdigt und statt dessen diese selbst nicht gelebte Seite beim anderen abgewertet und bekämpft wird. Das gleiche gilt auch für berufliche Beziehungen.

Ein weiterer psychischer Mechanismus, der bei einer Unterdrückung oder Ausblendung des Ganzheitsmotivs auftritt, ist die Projektion. Eine Projektion bedeutet, daß wir Seiten von uns selbst, die wir nicht wahrhaben wollen oder noch nicht kennen, auf andere Personen übertragen. Das hat zur Folge, daß wir uns ständig mit solchen Menschen konfrontiert sehen, die uns die abgespaltenen Seiten unseres Selbst spiegeln. Verdrängt z.B. jemand sein Machtbedürfnis und entwickelt demzufolge keine entsprechenden Fähigkeiten zu dessen Befriedigung, dann wird er sich meist von machthungrigen Menschen umgeben fühlen, denen er sich ausgeliefert erlebt.

Wie die Gestaltpsychologie[5] nachweisen konnte, zeigt sich das Ganzheitsmotiv besonders deutlich auch in der Wahrnehmung. Der Organismus strebt offensichtlich nach vollendeten Gestalten, d.h., die Wahrnehmung macht aus unvollständigen Einzelteilen eine Ganzheit, eine Gestalt. So sehen wir z.b. bei einer bestimmten Anordnung von drei Punkten ein Dreieck. Drei Einzelteile werden dabei von der Wahrnehmung zu einer Gestalt geformt. In den psychischen Alltag übertragen bedeutet das z.b., daß unerledigte, nicht vollendete Situationen eine Frustration des Bedürfnisses nach Ganzheit darstellen, mit der Folge, daß erhebliche psychische Energien in diesen unerledigten Gegebenheiten gebunden werden. Welche Last es bedeutet, eine unerledigte Aufgabe vor sich herzuschieben oder ein ungelöstes Problem im Nacken zu haben, kennt sicher jeder – in der Gestalttherapie bezeichnet man dies als »offene Gestalt«, die nach Schließung, d.h. Vollendung drängt. Stellen Sie sich vor, Sie sind mit einem Vorwurf konfrontiert und sehen sich im Moment nicht in der Lage, adäquat darauf zu reagieren. Sie werden in der Folgezeit innerlich Dialoge führen, nach dem Motto: »Wenn ich das gesagt hätte, dann ...«, »Wie kommt der dazu, mir so etwas zu sagen ...«, »Das nächste Mal werde ich aber ...« usw. usw. Immer wieder werden Ihre Gedanken zu diesem unerledigten Vorfall schweifen, so daß Ihre Energien in dieser offenen Gestalt gebunden werden und ihr Organismus dazu drängt, sie zu vollenden, d.h. sie zu erledigen.

Neben offenen Situations- und Erlebnis-Gestalten, in denen etwas Wichtiges nicht zum Ausdruck gebracht oder nicht getan wurde und die deshalb keine vollendeten Ganzheiten darstellen, bezieht sich der Begriff der offenen Gestalt vor allem auch auf die gesamte Persönlichkeit. Konnten sich Persönlichkeitsanteile und Potentiale aufgrund der Sozialisation nicht entwickeln, ist die Ganzheit unvollendet. Diese »Löcher in der Persönlichkeit«[6] binden einerseits Energie und drängen andererseits nach Vollendung und Ganzheit. Nehmen wir dieses Streben des Organismus nach Ganzheit nicht wahr, indem wir bestimmte Motive verleugnen, verdrängen oder verzerren, unterdrücken wir damit unweigerlich das uns innewohnende Leistungs- und Kreativitätspotential.

Macht und Hingabe

Aus der naturgegebenen Abhängigkeit des Menschen ergibt sich zwangsläufig, daß er Macht benötigt, um seine Bedürfnisse zu befriedigen. Ohne die Fähigkeit, die Befriedigung seiner elementaren Bedürfnisse zu erreichen, muß ein Mensch sich als Spielball der Umwelt erleben. Als extremes Beispiel für Ohnmacht kann der ungeliebte und ungewollte Säugling gelten. Im Gegensatz zum geliebten Kind, dessen Schreien oder anderweitigen Bekundungen von Unwohlsein die Eltern zum Stillen seiner Bedürfnisse bringt, ist das ungeliebte und ungewollte Kind auf Gedeih und Verderb den Launen seiner Umwelt ausgeliefert. Wie der Psychohistoriker Lloyd de Mause[7] eindrucksvoll nachweist, gibt es beim Menschen keinen »Mutter- oder Elterninstinkt«, der, wie im Tierreich, automatisch dafür sorgen würde, daß Kinder bedürfnisgemäß versorgt werden. Nur wenn Eltern oder andere Personen durch ein eigenes Bedürfnis angeregt sind, die Bedürfnisse eines Kindes zu stillen, werden sie es tun. Dafür muß das Kind – bewußt oder unbewußt – als Bedürfnisbefriediger wahrgenommen werden. Das kann unterschiedlichste Motive betreffen, wie z.B. das Bedürfnis nach Liebe (lieben und geliebt werden), nach Sicherheit (in Kulturen, in denen die Kinder zur Altersversorgung gebraucht werden), nach Unsterblichkeit (als Sicherung der Nachkommenschaft und des Erbes), nach Prestige (weil die eigene Männlichkeit bzw. Weiblichkeit dadurch bestätigt gesehen wird), nach Bindung (weil das Kind die Beziehung festigen soll), nach sozialer Verantwortung, Ethik usw. Wehe einem Kind, das in keinster Weise als Bedürfnisbefriediger gesehen wird – die zu Tode gequälten, verhungerten, verwahrlosten und ausgesetzten Geschöpfe legen Zeugnis darüber ab.

Genau betrachtet ist Ohnmacht ein existenzbedrohlicher und lebensfeindlicher Zustand. Insofern ist es kein Wunder, daß Menschen, die sich ohnmächtig erleben, krank werden oder zu Gewalt und Zwang greifen. Das Motiv Macht ist somit ein zentrales Bedürfnis, dessen Befriedigung als Voraussetzung für die Befriedigung aller anderen Bedürfnisse gesehen werden muß. Die gesunde Befriedigung des Machtbedürfnisses bewirkt ein Vertrauen in die eigenen Fähigkeiten, die Wahrnehmung einer wohlwollenden Umwelt sowie eine erfolgszuversichtliche Herangehensweise an Menschen und Situationen.

Eine Fixierung auf den Machtpol führt zur Machtbesessenheit. Bei einer zu starken Dominanz des Machtmotivs kommt es zu einer Verbissenheit, zum Bedürfnis nach Macht um der Macht willen. Dies pervertiert über kurz oder lang unweigerlich zu Intrige, Manipulation, Zwang und Gewalt. Bei machtfixierten Menschen ist das Hingabemotiv ausgeblendet bzw. wird als Unterwerfung gewertet. Ein fixiertes Machtmotiv zeigt sich z.B. in der Unfähigkeit, mit anderen Menschen mitzufühlen. Empathie, Einfühlsamkeit und Mitleid als Eigenschaften des Hingabemotivs sind dann nur sehr rudimentär ausgeprägt. Dafür wird die eigene Wirklichkeit als einzig wichtige geltend gemacht, der die anderen sich zu unterwerfen haben. Machtfixierte Menschen sind kaum konsensfähig und versuchen mit allen Mitteln, ihren Willen durchzusetzen. Sie empfinden selbstbewußte Menschen mit eigener Meinung als Bedrohung. In Führungssituationen zeigt sich das fixierte Motiv u.a. als die Unfähigkeit, Kompetenzen zu delegieren. Die Mitarbeiter erhalten weder vollständige Informationen noch die Entscheidungsfreiheiten, die nötig wären, um eine erfolgreiche Arbeit zu leisten; sie sollen lediglich Anweisungen befolgen, alle Entscheidungen behält sich der Machtfixierte vor. Ein Mitarbeiter, der engagiert darüber hinaus handeln möchte, wird als Bedrohung erlebt und entsprechend blockiert. In Verbindung mit dem Wettkampfmotiv entartet beim Machtfixierten jede Rivalitätssituation zu einem Vernichtungskampf.

Wie bei allen Motivpolaritäten, muß auch hier die Einheit mit dem Gegenpol vollzogen werden. Während Macht zielbewußte Wirksamkeit und entsprechendes Handeln betrifft, geht es beim Gegenpol »Hingabe« eher um Sein. Sich dem Augenblick hingeben, in einer Tätigkeit aufgehen, so daß Raum, Zeit und Ziel vergessen sind, ein Ziel ohne Bitterkeit loslassen können, etwas »sein lassen können« sind die Qualitäten, die Hingabe auszeichnen. Zur Hingabe gehört partieller bewußter Machtverzicht, was gleichbedeutend ist mit der Aufgabe eines bewußten Strebens, und statt dessen ein Praktizieren des Sich-Überlassens dem was kommt.

Hingabe ist auch das Anerkennen von Schicksalshaftem, das Anerkennen einer höheren Macht und das Akzeptieren, daß nicht alles »machbar« ist. Hingabefähigkeit zeigt sich im Alltag z.B. auch im Nachgeben-Können, im Erkennen und Akzeptieren von momentanen Einflüssen, die ein Nicht-Handeln verlangen, im Sichanpassen an Situationen und Menschen.

Hingabe im Sinne von Sich-selbst-Hingeben heißt, darauf zu vertrauen, daß das eigene Sein im Akt der Hingabe nicht verletzt wird. Sich einer Person hinzugeben bedeutet, darauf zu vertrauen, daß das eigene So-Sein respektiert und geachtet wird. Zum anderen bedeutet Hingabe aber auch Empathie, d.h. den anderen in seinem So-Sein wie er ist, frei von Projektionen und Vorbehalten zu akzeptieren, die Welt mit seinen Augen zu sehen und zu fühlen, ohne dieses Sehen und Fühlen bewerten zu wollen. Hingabe an eine Tätigkeit bedeutet die Verschmelzung des eigenen Wollens und Könnens mit dem Objekt der Beschäftigung, so daß die Subjekt-Objekt-Trennung aufgehoben wird. Den Augenblick hingebungsvoll leben heißt, ohne Einschränkungen durch Gedanken an die Vergangenheit oder Zukunft ganz das Gegenwärtige zu gestalten.

Vertrauen ist die Grundvoraussetzung für Hingabe, Vertrauen in das Wohlwollen einer Person oder Vertrauen in die eigenen Fähigkeiten beim Durchführen einer Handlung. Angst und Mißtrauen sind mit Hingabe nicht vereinbar. Wo Angst oder Mißtrauen vorhanden ist, kann es anstelle von Hingabe nur Unterwerfung geben.

Eine Fixierung auf Hingabe ohne Befriedigung des Machtbedürfnisses, also Hingabe ohne gleichzeitige Macht, ist Unterwerfung. Hingabe aus der Ohnmacht heraus hat nichts mit der gesunden Befriedigung des Hingabemotivs zu tun, sondern bedeutet die Abspaltung des Machtpols, der dann in der Umwelt wahrgenommen wird. Menschen, die ihre eigene persönliche Macht nicht ausreichend entwickeln, neigen fatalerweise leicht dazu, sich Ideologien und mächtigen Führern zu unterwerfen (im Kleinen wie im Großen), um auf diese Weise ihr eigenes frustriertes Machtbedürfnis kompensatorisch zu befriedigen.

Eine andere Ausdrucksform einer Fixierung auf diesem Pol ist die übermäßige Hingabe an eine oder mehrere Personen, bei der niemals Gegengaben gefordert oder zugelassen werden und damit eine solch hoffnungslose Loyalitätsschuld erzeugt wird, die die anderen niemals abtragen können. Eine derartige märtyrerhafte (oft auch als »selbstlos« bezeichnete) Hingabe ist als kompensatorischer Machtersatz zu sehen, bei dem keine Verantwortung für das eigene Machtbedürfnis übernommen und statt dessen versucht wird, eine sehr verdeckte und manipulative Machtausübung über den Gegenpol zu erreichen. Da durch die Abspaltung des eigenen Machtmotivs jedoch nie eine Befriedigung wahrgenommen wird, kommt es dabei leicht zu der Wirklichkeitswahrnehmung »Undank ist der Welt Lohn« bzw. zu Gefühlen von »Ich gebe und gebe und bekomme selbst nie etwas«.

Die Integration von Macht und Hingabe als sich ergänzende Polaritäten ergeben in ihrer Einheit eine Lebenseinstellung, die man mit »leben und leben lassen« bezeichnen kann. Das eigene Leben wird als sehr erfolgreich, lustvoll und intensiv erlebt, da durch die Macht die Fähigkeit zur Befriedigung der polaren Bedürfnisse gegeben ist und durch die gleichzeitige Hingabefähigkeit ein Aufgehen in Menschen, Natur, Tätigkeiten, Aufgaben und Verantwortlichkeiten die jeweilige Gegenwart als sehr freudvoll genossen wird. Die Umwelt wird wohlwollend erlebt und respektvoll geachtet, da sie einerseits als Bedürfnisbefriediger erkannt wird und man sich andererseits als Teil von ihr empfindet.

Ganzheit/Einheit, Macht und Hingabe bilden also insofern einen Mittelpunkt im Rad der Motive, als ihre Entwicklung eine zentrale Voraussetzung ist für die Fähigkeit, eine gesunde und erfolgreiche Befriedigung aller anderen Bedürfnisse zu verwirklichen.

Sicherheit und Neuheit

Das Bedürfnis nach Neuem impliziert automatisch Unsicherheit und steht damit dem Sicherheitsbedürfnis entgegen. Dieses umfaßt alle Bedürfnisse nach Schutz vor Bedrohung und Verletzung des Lebens (physischer und psychischer Art). Daraus ergeben sich die Bedürfnisse nach Berechenbarkeit und Vorhersagbarkeit der Umstände, nach Kontrolle der Umwelt, nach Grenzen, nach Regeln und Normen, nach Gesetz und Ordnung.

Banale alltägliche Handlungen, wie das Absperren der Wohnung oder das Überqueren der Straße bei Grün, sind ebenso vom Sicherheitsbedürfnis gesteuert wie das rituale Eskortieren von Staatsbesuchen und die Unterhaltung eines Heeres. Feste Strukturen, bekannte Gegebenheiten, vorgegebene Regeln und berechenbare Umstände geben psychische Sicherheit. Ausdruck findet das Motiv in Versicherungen und Verträgen jeglicher Art, in vorausschauenden Planungen und Berechnungen sowie in kontrollierenden Handlungen.

Das Bedürfnis nach Sicherheit zeigt sich bereits in ganz alltäglichen Situationen. Wenn z.B. ein Chef seinen Mitarbeiter in sein Büro rufen läßt, dann befriedigt er dessen Sicherheitsbedürfnis, wenn er ihm an die Tür entgegengeht. Selbst wenn sich der Mitarbeiter seines Sicherheitsbedürfnisses in diesem Moment nicht bewußt ist, empfindet er ein derartiges »Geleit« als Bedürfnisbefriedigung. Kürzlich wollte ich Unterlagen für einen Kongreß an der Universität abgeben. Es war der letztmögliche Termin, und die Lehrstuhlsekretärin sagte mir, ich solle am besten selbst zum Kongreßbüro gehen, um dort alles zu klären. Dann griff sie zum Telefon mit den Worten:»Ich rufe dort schnell an und sage, daß Sie kommen.« An meinem strahlenden Dank wurde mir bewußt, daß sie mir in diesem Moment mein unbewußtes Sicherheitsbedürfnis befriedigt hatte. Ich empfand es als sehr angenehm, im Kongreßbüro namentlich empfangen zu werden und mir nicht erst einen Ansprechpartner suchen zu müssen.

Das Sicherheitsmotiv ist also nicht nur aktiviert, wenn es um größere Bedrohungen oder Unsicherheiten geht, sondern auch in kleinsten Alltagssituationen. Menschen, die diese feinen, Sicherheit gebenden Verhaltensnuancen beherrschen, werden, bewußt oder unbewußt, als Bedürfnisbefriediger erlebt. Eine Befriedigung der Sicherheitsbedürfnisse schafft Vertrauen und Souveränität im Umgang mit der Welt und eine Toleranz gegenüber Unsicherheiten und Fehlern. Eine Frustration hingegen bewirkt chronisches Mißtrauen, Ängste, Nervosität und Perfektionismus.

Eine Dominanz dieser Polarität zeigt sich in einem starken Kontroll- und Ordnungsbedürfnis, in mangelnder Lern- und Risikobereitschaft, zwanghaftem Strukturieren und Schematisieren, starkem Hang zum Traditionellen und zu Klischees sowie in einer ablehnenden Haltung gegenüber allem Neuen. Die Wahrnehmung richtet sich dabei vor allem auf mögliche Gefahren und auf jene Dimensionen der Wirklichkeit, die die bestehende Stabilität und Ordnung bedrohen könnten. Im Extremfall entwickelt sich daraus eine pessimistische Weltsicht, da in allem Neuen vor allem das Negative und Bedrohliche wahrgenommen wird. Das entsprechende Handeln will diesen Gefahren vorbeugen, sie berechnen, kontrollieren und beseitigen.

Das Neuheitsmotiv dagegen will Grenzen überschreiten, Neues erkunden, Fremdes erobern. Lerneifer, Risikobereitschaft, Erlebnishunger, Erkenntnisdrang und Abenteuerlust gehören in diesen Bereich. Jegliches Lernen und die damit verbundene kulturelle Entwicklung ist von diesem Motiv bestimmt.

Die neuheitsmotivierte Wahrnehmung der Wirklichkeit ist geprägt von Interesse, Faszination und Lust; sie sucht nach Unbekanntem, nach Erregendem. Die Welt wird wahrgenommen als potentielles Spielfeld aller Möglichkeiten und als unerschöpfliches Lern- und Experimentierfeld. Vor allem jene Wirklichkeitsteile werden wahrgenommen, die Grenzerweiterungen und -überschreitungen zulassen, die Gelegenheit bieten, die eigenen Potentiale zu erproben. Die Wirklichkeit der neuheitsmotivierten Wahrnehmung ist daher konträr zur sicherheitsmotivierten: Wo Sicherheits-Wahrnehmungsraster vor allem die Gefahrpotentiale einer neuen Situation fokussieren und das entsprechende vorsichtige Handeln deshalb z.B. auf Schadensverhinderung oder -begrenzung zielt, richtet sich der Wahrnehmungsfokus des Neuheitsmotivs auf die Faszination der neuen Situation, und das entsprechende Handeln zielt z.B. auf das Kennenlernen und Erforschen des Unbekannten. Zwei Sprichwörter spiegeln diese gegensätzlichen Motive: »Wer sich in die Gefahr begibt, kommt darin um!« und »Wer nicht wagt, der nicht gewinnt!«

Menschen, die auf den Neuheitspol fixiert sind, blenden ihr Sicherheitsbedürfnis aus und empfinden Angebote, die dieses

Bedürfnis befriedigen würden, als kontrollierend oder beschränkend, oder sie fühlen sich davon gelangweilt. Eine Fixierung zeigt sich in Eigenschaften wie Waghalsigkeit, Rastlosigkeit und Draufgängertum, in chaotischen Planungen, in chronischer Unpünktlichkeit und im Nichtrespektieren von Grenzen und Regeln.

Dagegen werden Menschen, die ihre Sicherheits- und Neuheitsmotive zu einer harmonischen Einheit integriert haben, also die polaren Bedürfnisse sowohl wahrnehmen als auch angemessen befriedigen, erlebt als kreativ, souverän, lern- und risikobereit, planend, strukturierend, abenteuerlustig, kalkulierend, Neuem aufgeschlossen und umsichtig – eine unverzichtbare Voraussetzung für natürliche Autorität.

Bindung und Freiheit

Ein weiteres großes Spannungsfeld, in dem wir uns bewegen, sind die Pole »soziale Bindung« und »individuelle Freiheit«. Das Motiv der sozialen Bindung umfaßt alle Abhängigkeits-, Zugehörigkeits-, Liebes- und Wertschätzungsbedürfnisse. Man möchte Gleicher unter Gleichen sein, sich einer Person oder Gruppe zugehörig empfinden, lieben und geliebt werden, freundschaftliche Beziehungen erleben, sich geborgen und aufgehoben fühlen. Auch alle narzißtischen Bedürfnisse gehören hierher: Wir wollen Wertschätzung und Respekt erfahren, Prestige und Ansehen genießen, Anerkennung finden für unser Handeln, für andere Menschen wichtig sein und in unserer Besonderheit erkannt und akzeptiert werden.

Wie sich diese Motive im einzelnen artikulieren, ist individuell und kulturell sehr unterschiedlich. Generell läßt sich sagen, daß unsere westliche Kultur eher bindungsscheu geworden ist, während in den asiatischen Kulturen den Bindungsbedürfnissen nach wie vor ein Vorrang vor den individualistischen Freiheitsmotiven eingeräumt wird. Innerhalb einer Kultur zeigen sich die individuellen Unterschiede z.B. dadurch, daß die einen ihr Bedürfnis nach Prestige und Ansehen durch die Wahl des Autotyps befriedigen, andere durch die Größe des Arbeitszimmers und wieder andere durch einen Posten in einem Verein. Je nachdem, welche Werte die Gruppe, zu der man gehört oder gehören möchte, favorisiert, ist das Erreichen und der Besitz von Symbolen oder das Praktizieren von Verhaltensweisen, die diese Werte spiegeln, vom Bedürfnis nach Zugehörigkeit, Prestige und Ansehen motiviert. Aus diesem Grunde ist es höchst zweifelhaft, ob der Abbau von Hierarchieebenen und wohlklingenden Titeln, wie er derzeit modern ist, wirklich den gewünschten Erfolg erzielen wird. Das Mißachten der Prestigebedürfnisse läßt eine in ihrem Ausmaß noch nicht übersehbare Frustrations- und Demotivationswelle über die Unternehmen hereinbrechen. Obwohl der größte Teil unserer Wirtschaft vom Prestigemotiv ihrer Kunden lebt, wird es in den unternehmensinternen Philosophien negiert.

Auf Liebe und Freundschaft und das Bedürfnis nach Zugehörigkeit brauche ich wohl nicht näher einzugehen; ihre Bedeutung dürfte jedem einsichtig sein. Jegliches Empfinden und Handeln, bei dem uns andere Menschen wichtig sind oder das »die Meinung der anderen« in irgendeiner Form berücksichtigt, ist vom Bindungsbedürfnis motiviert.

Aus der Befriedigung der Bindungsbedürfnisse entwickelt sich die Selbstachtung, das Selbstvertrauen, Gefühle der Stärke und die Gewißheit, ein wichtiger Teil der Gemeinschaft zu sein. Die Frustration dieser Bedürfnisse bewirkt Gefühle der Ohnmacht, der Schwäche, der Minderwertigkeit, der Einsamkeit und Isolation. Gelebten Ausdruck findet dieses Motiv in der Entwicklung von Anpassungsfähigkeit an die jeweilige Umwelt, Empathie, Mitgefühl und Mitleid, Gefühlen der Verbundenheit und sozialem Handeln. Gemeinschaftssinn und Übernahme von Verantwortung für die Gemeinschaft gehören ebenso dazu wie das Vermitteln und Erleben von emotionaler Geborgenheit.

Eine Fixierung auf diesen Pol ohne genügende Integration des Freiheitspols führt zu einer Überanpassung, zu einer »fremdgesteuerten« Existenz, bei der man nur darauf bedacht ist, alles richtig zu machen. Man gestattet sich keine abweichenden Meinungen und ist bemüht, die eigenen Bedürfnisse denen der Umgebung gleichzuschalten und im Zweifelsfalle unterzuordnen.

Der Gegenpol »individuelle Freiheit« ist gekennzeichnet durch Unabhängigkeit, Selbstbestimmung, Autonomie, Selbstverantwortung, eine eigene Ethik leben, eigene Entscheidungen treffen und niemandem gehorsam sein. Historisch gesehen geht unser westlicher Freiheitsbegriff wohl auf die Unterscheidung zwischen Freien und Sklaven zurück. Freiheit bedeutete somit das Nichtvorhandensein eines aufgezwungenen Gehorsams gegenüber jemand anderem – als Gegensatz zur Sklaverei. Darin liegt begründet, daß in der westlichen Kultur der Freiheitsbegriff immer mit den Ideen von Menschenwürde und Menschenrechten verknüpft ist. Fatalerweise hat dies dazu geführt, daß der Wert »Freiheit« in der westlichen Kultur einseitig zum höchsten Wert erklärt wurde und dadurch eine Fixierung auf diesen Pol entstand. Indem dieser Wert aus der Einheit mit seinem ihn ergänzenden Gegenpol herausgelöst wurde, mußte er sich immer mehr als leere Hülse bzw. Phrase entpuppen. Nietzsches Proklamation, daß das Christentum eine Sklavenmoral sei, und die Psychoanalyse Freuds, die erstmals aufzeigte, daß das Leben des Individuums vom Unbewußten beherrscht wird, trugen zwar entscheidend dazu bei, den Freiheitsbegriff in seiner Absolutheit als Illusion zu entlarven – es wurde aber anstelle der alten Freiheitsidee keine neue geboren.

Die Erhöhung einer Polarität zum höchsten Wert – auf Kosten des Gegenpols – ist ein dem menschlichen Leben zuwiderlaufendes Prinzip. So selbstverständlich und grundsätzlich das Frei-

102

heitsmotiv ist, so kann es doch nur in gleichgewichtiger Einheit mit der anderen Polarität »Bindung« verantwortungsvoll und menschenwürdig gelebt werden. Ohne die Integration des Bindungsmotivs entartet individuelle Freiheit zu menschenverachtendem Egoismus und mündet letztlich in zerstörerische Isolation. Wahrscheinlich liegt es an der einseitigen Polarisation des Freiheitswertes, daß sich in der westlichen Kultur zunehmend Beziehungslosigkeit, Zynismus und Vereinsamung feststellen lassen. Ein weiser Spruch lautet: »Freiheit heißt, sich seine Ketten selbst auswählen zu können.«

Seinen ersten Ausdruck findet das Freiheitsmotiv schon in den frühesten Gehorsamsverweigerungen des Kleinkindes. Es möchte sich weder Essen aufzwingen lassen noch Schlafenszeiten. Später zeigt sich das Freiheitsmotiv in jeglichem Handeln, das Bevormundungen, Einschränkungen oder Zensierungen bekämpft.

Auf den Freiheitspol fixierte Menschen sind bindungs- und beziehungsunfähig, extrem egoistisch und selbstsüchtig, rücksichtslos und konsensunfähig. Da der Bindungspol bei ihnen weitgehend ausgeblendet ist, fühlen sie sich bei Nähe- und Geborgenheitsangeboten schnell vereinnahmt, wollen sich auf keinen Fall festlegen, können sich nicht unterordnen und haben deshalb häufig Autoritätsprobleme. Lediglich das Anerkennungs- und Prestigemotiv (narzistische Bedürfnisse) bleibt bei einer Fixierung auf den Freiheitspol aktiv.

Im Gegensatz dazu erleben auf den Bindungspol Fixierte Angebote, die den Freiheitspol betreffen, als Überforderung, Lieblosigkeit und Ausgrenzung. Eigenschaften wie Konfliktverdrängung, Konformität, Altruismus bis zur Selbstaufgabe, übergroße Angst vor Liebesverlust und Unterdrückung der eigenen Meinungen und Bedürfnisse entstehen durch diese Fixierung.

Eine geglückte Einheit der Befriedigung sowohl der Bedürfnisse nach individueller Freiheit als auch nach sozialer Bindung

zeigen Menschen, die Maslow[8] als »selbstverwirklichte Persönlichkeiten« beschreibt. Sie haben ein hohes Maß an innerer
Unabhängigkeit von den Meinungen und Normen anderer entwik-
kelt, erleben sich authentisch in ihren Beziehungen und besitzen
dennoch eine hervorragende Anpassungsfähigkeit und eine hohe
Ausprägung von sozialer Verantwortung. Selbstverwirklichung
ist nicht zu verwechseln mit dem egozentrischen und rücksichts-
losen Ausleben der individualistischen Freiheitsmotive (»Selbst-
verwirklichungstrip«), sondern besteht in der gelungenen Integration der polaren Bedürfnisbefriedigungen.

Kombinierte Primärmotive

Aus den polaren Primärmotiven setzen sich weitere Grundmotive
zusammen, die jeweils aus der Kombination von zwei benachbarten Motiven entstehen. Das sind die Bedürfnisse nach

Besitz	(Freiheit/Sicherheit)
Loyalität	(Sicherheit/Bindung)
Spiel	(Neuheit/Freiheit)
Wettkampf	(Bindung/Neuheit)

Nach meinen Erkenntnissen gehören auch diese kombinierten
Motive zu den angeborenen Primärmotiven, die kultur- und
zeitüberschreitend für die gesamte Menschheit gelten.

Um es gleich vorwegzunehmen, falls Aggression und Leistung
vermißt werden, die häufig als Triebe oder Motive bezeichnet
werden: Das Leistungsmotiv ist kein Primärmotiv, sondern entsteht aus einem oder mehreren der genannten Primärmotive.
Jemand kann leistungsmotiviert sein, weil er Nahrung braucht
(biologisches Bedürfnis), sich schützen will (Sicherheit), weil
er unabhängig sein will (Freiheit), weil er für seine Familie

sorgen will (Bindung), weil er fasziniert ist von einer Tätigkeit (Neuheit), weil er Besitz erwerben will, usw. Die Leistungsmotivation ist in jedem Fall eine sekundäre Ausprägung der Primärmotive, d.h., sie ist gewissermaßen ein Werkzeug zu deren Befriedigung.

Ebenso handelt es sich bei der Aggression nicht um ein Primärbedürfnis, das um seiner selbst willen befriedigt werden will, auch wenn es manchmal so aussehen mag. Aggression steht ebenso wie Leistung immer im Dienste eines oder mehrerer Primärmotive. Meist entsteht Aggression durch Kränkungen und ist durch das fixierte Loyalitätsbedürfnis (Rache) und durch das fixierte Machtbedürfnis (Gewalt) motiviert. Insofern ist destruktive Aggression immer auch ein Zeichen von fehlender natürlicher Autorität und wirklicher Macht.

Besitz

Während sich die Motive Loyalität, Spiel und Wettkampf in allen Kulturen ganz offensichtlich zeigen, gingen meine ersten Überlegungen in bezug auf Besitz eher in die Richtung, daß ich dachte, dieses Motiv hätte sich erst vor zehntausend Jahren mit dem Entstehen der Ackerbau- und Viehzucht-Kulturen entwickelt. Inzwischen bin ich jedoch zu der Überzeugung gelangt, daß auch dieses Motiv zu den angeborenen menschlichen Bedürfnissen gehört, das schon die Menschen in den Jäger- und Sammler-Kulturen aufwiesen, wenn auch in anderer Ausprägung. Am Beispiel dieses Motivs möchte ich kurz aufzeigen, welche unterschiedlichen Ausdrucksformen die Grundmotive in verschiedenen Kulturen und Epochen annehmen können.

So dachte man z.B. bis vor einigen Jahrzehnten, daß die australischen Ureinwohner, von denen manche Stämme bis ins 20. Jahrhundert unentdeckt blieben, keinen Landbesitz kannten. Heute weiß man, daß die einzelnen Stämme bzw. Klans sehr wohl ihre Landrechte gegeneinander abgegrenzt hatten (und haben). Im Unterschied zu unserer visuellen Darstellung von Landkarten und Besitzurkunden beruhen die Aborigine-Landkarten und Beschreibungen ihrer Rechte auf auditiven, d.h. gesungenen Territorien. Liederstrophen, die sogenannten Songlines, bezeichnen die Traumpfade, auf denen die Schöpferwesen während der Traumzeit gegangen sind und aus ihren gesungenen Träumen die gesamte Schöpfung schufen. »Bevor die Weißen kamen, war niemand in Australien ohne Land, denn jeder erbte als seinen oder ihren privaten Besitz ein Stück vom Lied des Ahnen und ein Stück von dem Land, über das das Lied führte. Die Strophen eines Menschen waren seine Besitzurkunde für sein Territorium. Er konnte sie an andere ausleihen. Er konnte sich seinerseits Strophen borgen. Nur verkaufen oder loswerden konnte er sie nicht.«[9]

Wir verbinden in unserer Kultur Besitz (Land, Geld, Wissen) hauptsächlich mit der Vorstellung, damit machen zu können, was wir wollen. Besitz gibt also einerseits Sicherheit – von der Sicherung des Lebensunterhalts bis zur Durchsetzung unserer staatsbürgerlichen Rechte – und andererseits individuelle Freiheit, weil wir damit breitere Wahlmöglichkeiten in bezug auf die Verwirklichung unserer Selbstbestimmungsmotive haben. Während unser Besitzstreben geprägt ist von dem jüdisch-christlichen Imperativ »Macht euch die Erde untertan«, Besitz also als etwas dem eigenen Willen Unterworfenes und in der Folge als etwas unbegrenzt Ausbeutbares angesehen wird, hat Besitz in der Aborigine-Kultur den Wert von etwas Heiligem, das unversehrt bleiben muß. Landrecht wird als etwas gesehen, das Sicherheit und Freiheit gewährleistet und wofür man im Gegenzug dem Land lebenslang verantwortlich ist und es dafür schützen und ihm danken muß. So hatte jedes Landstück neben seinem »Besitzer« auch einen »Hüter«, der einem benachbarten Klan angehörte. Der Hüter achtete darauf, daß der Besitzer seine Rechte nicht mißbrauchte und seinen mit dem Besitz verbundenen Verpflichtungen nachkam.

Wie alle Primärmotive kann das Besitzmotiv natürlich mit jedem anderen Motiv eine glückliche oder unglückliche Allianz bilden. Verbindet es sich z.b. mit dem Liebesmotiv, dann entsteht der unselige Besitzanspruch auf eine geliebte Person; verbindet es sich mit dem Prestigemotive, dann will man die in der eigenen Gruppe anerkannten Statussymbole (wie Firmenwagen und dgl.) besitzen.

Loyalität

Der Begriff Loyalität mutet fast altmodisch an, weil der Individualismus der westlichen Welt mit seiner Verschiebung von persönlichen, sozialen Netzwerken auf staatliche Institutionen dazu geführt hat, daß man dieses Motiv leicht aus der Wahrnehmung ausblenden kann. Und doch gehört Loyalität zu den massiven menschlichen Antriebskräften. Loyalität bedeutet »Sich-verlassen-Können« und Verpflichtung zugleich. Während Verträge und Versicherungen niedergeschriebene Rechte und Pflichten bezeichnen und sich nicht auf persönliche Bindungen berufen, sind die Rechte und Verpflichtungen der Loyalität diffus, nicht festgelegt und selten im voraus benannt. Loyalitätserwartungen und Loyalitätsleistungen zeigen sich erst in der jeweiligen Situation.

Innerhalb eines Systems sorgt das Loyalitätsmotiv für den notwendigen Ausgleich von Rechten und Pflichten. Verletzungen der Loyalität erzeugen einerseits Gefühle von Wut, Enttäuschung, Trauer und Schuld, und andererseits bringen sie eine Dynamik von Rache und Sühne in Gang. In unserer bindungskritischen Kultur ist das Loyalitätsmotiv häufig völlig ins Unbewußte verdrängt, was nicht heißt, daß es nicht genauso massiv wirkt – wegen der Unbewußtheit sind uns die daraus resultierenden Handlungen nur weniger verständlich.

In archaischen Gesellschaftsstrukturen wie Mafia und Yakuza wird die Befriedigung der Bedürfnisse »Loyalität« und »Ausgleich« durch Rache und Sühne noch ganz offen und erbarmungslos eingefordert. In der japanischen Yakuza sind die vom Loyalitätsprinzip beherrschten Prozesse wohl noch ursprünglicher zu beobachten als in der Mafia. Die Internationalisierung der Mafia hat zu einer Auflösung des »Ehrenkodex« geführt, der bei der Yakuza, in deren Händen unter anderem der Drogenhandel und das gesamte Glücksspiel- und Prostituiertengeschäft Japans liegt, noch eine zentrale Stellung einnimmt. Die Yakuza zeigte ihre Loyalität zur japanischen Gesellschaft bis vor wenigen Jahren unter anderem dadurch, daß sie Japans Jugend vor jeglichem Drogenhandel schützte und die sonst überall auf der Welt übliche Straßenkriminalität sehr gering hielt.

Ein häufig anzutreffendes Merkmal von Yakuza-Mitgliedern sind fehlende Fingerglieder.[10] Bei Verstößen gegen die Loyalität gilt das Abhacken eines Fingerglieds (das dann demjenigen, gegen den sich der Verstoß gerichtet hat, feierlich übergeben wird) als wichtiges Sühne-Ritual, mit dem die Schuld getilgt und der Ausgleich hergestellt wird.

Im arabischen Kulturraum gibt es Studien[11], die besagen, daß die Stärke und Durchschlagskraft einer Gruppe vor allem davon abhängt, wie streng gegen Loyalitätsverstöße innerhalb der Gruppe vorgegangen wird. Der Loyalitätsverstoß wird dabei als Vorwegnahme eines Angriffs eines äußeren Feindes betrachtet, und je härter er geahndet wird, desto stärker wird die Durchschlagskraft der Gruppe nach außen.

Es wäre eine Illusion zu glauben, wir wären vom Motiv Loyalität und seiner Rache/Sühne-Dynamik befreit, oder in unserer sogenannten zivilisierten Gesellschaft erschöpfe sich das Motiv Loyalität in gesetzlichen und juristischen Rechten und Pflichten. Die sich aus diesem Primärmotiv ergebenden Rache- und Sühnemotive sind in unserer rationalen Kultur lediglich in das Unbewußte verdrängt. Während Racheakte häufig auch bewußt ausgeführt werden (nach meiner therapeutischen Erfahrung jedoch mindestens genauso häufig auch unbewußt), werden Sühneakte meist in Form von unbewußt herbeigeführtem Unglück und Krankheit gelebt. Durch psychotherapeutische Arbeitsmethoden, mit denen durch einen Zugang in das kollektive Unbewußte solche unbewußten Rache- und Sühnemotive aufgedeckt werden können, wird deutlich, wie stark wir auch heutzutage durch diese Motive in unserer Wahrnehmung, unserem Handeln und unserer gesamten Lebensgestaltung bestimmt sind. Auf der bewußten Ebene werden solche Loyalitäts-Ausgleichsakte je nach Gegebenheit als Pech, als unbegreifliche Schicksalsschläge, schlimme äußere Umstände oder eigene unverständliche Handlungen erlebt bzw. interpretiert. Solange diese Motive jedoch unbewußt handlungsleitend sind, erfüllen die Rache- oder Sühneopfer nicht den angestrebten Ausgleich.

In diesen unbewußten Loyalitäts- und Ausgleichsmotiven liegt übrigens häufig die Ursache für eigene Mißerfolge. Illoyalitäten oder übersteigerte Loyalitäten innerhalb eines Familiensystems sind äußerst prägend, z.B. dergestalt, daß ein Kind unbewußt Illoyalitäten, die ein Familienmitglied erleiden mußte, rächt oder daß es aus übersteigerter Loyalität schwerwiegende Unrechtshandlungen eines Elternteils sühnt.[12] So kann ein unbewußtes Sühnemotiv z.B. eine innere (selbstverständlich unbewußte) Lebensregel »Ich darf nicht erfolgreich sein« entstehen lassen, was dazu führt, daß man immer wieder solche Situationen oder Personen aufsucht, die einem mit Sicherheit einen Mißerfolg bescheren. Erst die Erkenntnis und Würdigung dieser Gegebenheiten und eine entsprechende Verarbeitung führt zum Ausstieg aus dieser verhängnisvollen Dynamik.

Neben diesen größeren Zusammenhängen zeigt sich das Motiv natürlich auch in der kleinsten Alltagssituation als Bedürfnis nach Gerechtigkeit bzw. Angemessenheit. Die gekränkte Reaktion auf den ausgebliebenen Dank für eine Gefälligkeit oder die Wut über eine ungerecht verteilte Belohnung oder Bestrafung, all diese Gefühle und Reaktionen sind Ausdruck des Motivs »Loyalität/Ausgleich«. Das Motiv spiegelt sich auch in Sprichwörtern wie »Eine Hand wäscht die andere« oder »Eine Krähe hackt der anderen kein Auge aus«.

Befriedigte Loyalitätsbedürfnisse äußern sich in einer vertrauensvollen und zuverlässigen Umweltbeziehung. Aktivierte Loyalitätsmotive zeigen sich in so unterschiedlichen Formen wie z.b. im Verteidigen eines Partners bei Angriffen oder auch im Verzicht auf einen eigenen Vorteil, wenn dieser Vorteil demjenigen, zu dem man Loyalität empfindet, schaden würde. Äußerungen wie z.b. »Sie hat nicht zu mir gehalten« offenbaren ebenso ein frustriertes Loyalitätsbedürfnis wie »Auf den kann man sich nicht verlassen« oder, generalisierter, »Man kann niemandem trauen«. Die letzte Aussage z.b. deutet auf eine negative Fixierung hin, d.h., jemand der derartiges im Ernst sagt, hat eine traumatische Erfahrung mit Illoyalität hinter sich und erwartet keine Befriedigung dieses Bedürfnisses mehr. Das Tragische an einer solchen negativen Fixierung sind die daraus entstehende Wahrnehmungseinengung und die entsprechenden Verhaltensweisen. Die Wahrnehmung wird sich auf all jene Aspekte der vielfältigen Wirklichkeit richten, die Illoyalitäten aufweisen. Dadurch wird die eigene Meinung bestärkt. Das Verhalten wird entsprechend mißtrauisch und ohne eigene Angebote von Loyalität sein und natürlich in der Gegenreaktion tatsächlich mehr Illoyalitäten entstehen lassen als es bei einem vertrauensvollen und loyalen Verhalten der Fall wäre.

Obwohl jedes Motiv in seiner Übersteigerung bzw. Fixierung pathologisch werden kann (in Form von Sucht, Zwang oder sonstigen neurotischen und soziopathischen Auswirkungen), erscheint mir aber doch das Loyalitätsmotiv (neben dem Machtmotiv) als das gefährlichste. Merkwürdigerweise ist es das von der westlichen psychologischen Wissenschaft am wenigsten beachtete Motiv. Die ungeschriebenen Gesetze, die das Loyalitätsmotiv hervorbringt und auf die es sich bezieht, können sowohl in die eine Richtung (Rache) wie in die andere Richtung (Sühne) maßlose Formen annehmen. Die schnelle Nähe zu Selbstjustiz und Korruption sowie die oft lange Wirksamkeit und über jeden adäquaten Ausgleich hinausgehenden Rache/Sühne-Aktionen sind nur einige der Gefahren, die dieses Primärmotiv auszeichnen.

Spiel

Obwohl gerade die Zweckfreiheit ein wesentliches Kriterium von Spielen ist, hat das Spielen an sich wichtige Funktionen, sowohl für den einzelnen Menschen als auch für die Gesellschaft. Viele berühmte Psychologen, von Freud über Piaget bis Erickson, räumen dem kindlichen Spiel eine entscheidende Rolle für die Persönlichkeitsentwicklung ein. So dienen z.B. Bewegungsspiele der Körperbeherrschung und Illusions- und Rollenspiele dem affektiven Gleichgewicht. Wahrnehmungsleistungen, motorische Fertigkeiten sowie Intelligenzleistungen des konvergenten (schlußfolgernden) und divergenten (schöpferischen, intuitiven) Denkens werden großenteils durch Spielaktivität erworben und trainiert.

Doch Spielen ist nicht nur eine wichtige Funktion in der kindlichen Entwicklung. Es ist ein menschliches Grundmotiv, das gleichermaßen in der Erwachsenenwelt seinen Ausdruck sucht. Huizinga[13] behauptet sogar, nicht der homo faber, sondern der homo ludens sei der Urheber jeglicher Kultur. Die Ausdrucksformen des Spielmotivs unterscheiden sich je nach Entwicklungsgrad; Erwachsene spielen anders, aber nicht weniger als Kinder. Das Ansehen eines Theaterstücks oder Films ist ebenso durch das Spielbedürfnis motiviert wie die Teilnahme an Sportveranstaltungen. So unterschiedlich z.B. Handlungen wie

Kartenspielen und Flirten auch sind, sie entstehen beide hauptsächlich aus dem Spielbedürfnis. Beim Kartenspielen sind daneben noch die Motive Bindung und evtl. Wettkampf beteiligt, beim Flirten die Motive Sexualität und Neuheit, evtl. auch das Bedürfnis nach Bindung. Das Spielmotiv kann sich also mit jedem anderen Primärmotiv verbinden.

Die ungeheuren Innovationen auf dem Gebiet der Informatik, die die gesamte Wirtschaft revolutioniert haben, verdanken sicher zum großen Teil dem Spielmotiv ihre explosive Dynamik – der Computer als beruflich legitimierte Spielwiese. Selbst Menschen, denen durch ihre Sozialisation das Spielen nicht erlaubt ist, können nun am Bildschirm unter dem Deckmantel professioneller Ernsthaftigkeit ihrem Spielbedürfnis frönen. Und weil die Elterngeneration mangels Kenntnis und Erfahrung den Umgang mit dem Computer nicht vorschreiben, reglementieren und pädagogisieren konnte, war damit den Kindern die nötige Freiheit zum unbefangenen, spielerischen Experimentieren verschafft. Der Siegeszug des Computers auch außerhalb der Berufswelt und bei den Kindern und Jugendlichen liegt hauptsächlich in der Tatsache begründet, daß dabei ohne Risiken (Sicherheit) experimentiert werden kann (Neuheit). Diese gleichzeitige Befriedigung der Bedürfnisse nach Sicherheit und Neuheit erzeugt ein Flow-Erleben (vgl. dazu Kapitel 8: »Die Kunst der intuitiven Führung«), das zugleich eine tiefe Befriedigung des Spielmotivs bedeutet.

Eine Fixierung des Spielmotivs bewirkt im Extremfall einen Realitätsverlust, ein Leben in einer fiktiven Scheinwelt, in der man eine sich selbst zugedachte Rolle spielt, ohne sich den eigenen Verantwortlichkeiten in der zwischenmenschlichen Gemeinschaft zu stellen.

Blendet ein Mensch hingegen sein Spielmotiv aus, weil er in seiner Sozialisation erfahren hat, daß Spielen etwas Unnützes sei, das negativ bewertet oder gar bestraft wurde, dann erlebt er sein Leben meist als Kampf und Bürde; all seinen Aktivitäten fehl das Spielerische und Leichte. Eine Unterdrückung des Spielmotivs kann sich auch in ganz anderer Ausprägung zeigen, nämlich in einem unangemessen kindischen Verhalten eines Erwachsenen. Ein solches Verhalten deutet in der Regel darauf hin, daß keine adäquaten Ausdrucksformen entwickelt wurden, dieses Bedürfnis zu befriedigen. Sucht sich das Motiv dann doch ein Ventil, wirkt es nicht spielerisch und locker, sondern unangemessen und peinlich. Die Folge ist, daß die Umwelt negativ reagiert, meist mit einem Nichternstnehmen der Person und mit Entzug von Achtung, was wiederum eine Bestätigung für das unbewußte innere Spielverbot des Betreffenden bedeutet.

Häufig entstehen solche Ausblendungen durch unbewußte familiäre Lebensregeln wie z.B. »Das Leben ist hart« oder »Nur durch Anstrengung erreicht man Anerkennung«. Auch die pädagogische Sucht, jedes Spiel »lehrreich« gestalten zu wollen, nimmt dem Spielen genau seine wichtigste Qualität, nämlich, einfach nur aus Spaß und Freude aktiv zu sein.

Eine gesunde Befriedigung des Spielmotivs zeigt sich in der Fähigkeit, sich neben den fordernden Aspekten des Lebens genügend »Spielraum« zu verschaffen, in dem in unbekümmerter und lustvoller Weise Erfahrungen und Erlebnisse zugelassen werden, die weder »notwendig« sind noch dem Ernst des Lebens entsprechen. In Verbindung mit dem Hingabemotiv entsteht z.B. eine Haltung, bei der es nicht auf Sieg oder Niederlage ankommt, sondern auf das »Mitspielen«, nach dem Motto: »Dabeisein ist alles.« Die Handlungslust speist sich dann nicht aus dem Ergebnis, sondern aus der Tätigkeit selbst.

Menschen, die sich erlauben, ihr Spielbedürfnis in hohem Maße zu befriedigen, und diese Energie in sämtliche Aktivitäten einfließen lassen, gestalten selbst schwere Aufgaben und Situationen spielerisch und mühelos. Eine solche Unbeschwertheit besitzt eine hohe Anziehungskraft auf andere, weil sich das innere Kind eines jeden Menschen davon angesprochen fühlt.

Wettkampf

Im Unterschied zum Spiel, bei dem gerade die Abwesenheit der praktischen und fordernden Umweltaspekte das Wesentliche darstellt, ist der Kern des Wettkampfmotivs durch die Bezogenheit auf die Forderungen und Anerkennungen der Umwelt gekennzeichnet. Das Wettkampfmotiv ist charakterisiert durch das Betreben, sich in seiner Einzigartigkeit von den anderen abzuheben, durch Vergleich mit der Umwelt die eigenen Grenzen zu testen und zu erweitern.

Das Bedürfnis nach Wettkampf (aus dem sich sekundär das Leistungsmotiv entwickelt) zeigt sich in so unterschiedlichen Phänomenen wie z.B. im Bestreben von Kindern, alles schon gleich gut oder besser können zu wollen als die Erwachsenen, in den Anstrengungen eines Sportvereins, die Meisterschaften zu gewinnen, oder im Bemühen von Nationen, als erste auf dem Mond zu landen. Es ist dafür verantwortlich, daß versucht wird, Ideale zu erreichen. Man tritt dann entweder in Wettkampf mit dem Ideal selbst oder mit Personen bzw. Gruppierungen, die es verkörpern. Sich messen und vergleichen ist das Primärmotiv, mit dem wir unsere eigenen Positionen in der uns umgebenden Umwelt bestimmen.

Ein ganz wesentlicher Faktor beim Wettkampfmotiv ist, daß es niemals innerhalb eines Systems, das synergetisch zusammenwirken soll, gelebt werden darf, wenn nicht das System als solches gefährdet werden soll. Man braucht sich nur vorzustellen, was passiert, wenn die Zellen eines Körpers in einen Wettkampf zueinander treten, welche sich nun am schnellsten teilen können – das synergetische Zusammenspiel, das für eine optimale Gesamtleistung notwendig ist, wird verhindert und führt im Extremfall zur Zerstörung des Organismus. Oder wenn zwei Ruderer in einem Boot sich beweisen wollen, wer am stärksten rudern kann – das Boot wird sich mal nach rechts drehen oder mal nach links, aber vorwärtskommen wird es nur sehr schwer. Die von Unternehmen häufig initiierte Konkurrenz zwischen Mitarbeitern oder Abteilungen bewirkt bzw. fördert eine pathologische Dominanz oder gar Fixierung dieses Motivs und hat keineswegs eine leistungssteigernde Wirkung, sondern schwächt die Firma als Ganzes, weil enorme Energien in den gegenseitigen Blokkaden, Kränkungen und Übertrumpfungsversuchen verschwendet werden. Konkurrenz verhindert erfolgreiche Teamarbeit, denn durch die damit entstandene Profilierungsnotwendigkeit wird z.B. Wissen als Machtwerkzeug eingesetzt und nicht offen geteilt und zur Verfügung gestellt.

Es besteht ein gravierender Unterschied, ob das natürliche Wettkampfbedürfnis den einzelnen Mitarbeiter anspornt, Bestleistungen anzustreben, oder ob das Unternehmen dieses Bedürfnis forciert und damit unmöglich macht, daß sich die einzelnen Energien zu synergetischen Bestleistungen formieren. Es ist in Organisationen ähnlich wie in Familien: Wenn Eltern ihre Kinder gegeneinander ausspielen und meinen, sie anzuspornen, indem sie einem Kind die Leistungen des anderen als Vorbild hinstellen, dann passiert nichts anderes, als daß die Geschwister untereinander Neid, Mißgunst, Schadenfreude und Überheblichkeit bzw. Minderwertigkeitsgefühle entwickeln. Anstatt eine unterstützende Geschwisterbeziehung zu leben, bei der einer dem anderen zum Erfolg verhilft, versucht nur jeder dem anderen zu beweisen, daß er selbst besser ist. Eltern, die die natürliche Wettkampfsituation zwischen Geschwistern entschärfen, indem sie sämtliche Leistungen nur am individuellen Fortschritt des einzelnen Kindes messen und rigoros vermeiden, ein Kind mit dem anderen zu vergleichen, tragen bei weitem mehr zu dessen Potentialentwicklung bei. Solange Wettkampf innerhalb eines Systems durch Profilierung individueller Leistungen gefördert und belohnt wird, wird sich niemals eine optimale Teamenergie entfalten. Um wirklichen Teamgeist und

Synergie zu entwickeln, muß nur eines schärfstens geahndet werden: wenn Fehler, Mißerfolge, Ungeschicklichkeiten oder Irrtümer zum Anlaß für Kränkungen (z.b. Tadel, Spott, herablassende Bemerkungen usw.) werden.

Dagegen sind die Praktiken des Benchmarking[14] (sich messen mit dem Besten der Branche) ähnlich wie die Wettkampfspiele wichtige legitimierte Formen des Kampfes und bieten die Möglichkeit, ohne Verletzung oder Zerstörung des eigenen Systems die Bedürfnisse nach Wettkampf, Eroberung und nach Austesten der eigenen Grenzen zu befriedigen. So zeigte sich auch, daß Firmen, die sich in einem direkten und benannten Wettbewerb mit Konkurrenten befinden, durchschnittlich viermal so erfolgreich sind als jene, die sich nicht herausgefordert fühlen.

Interessant ist es, in diesem Zusammenhang das Gelöbnis der Olympischen Spieler zu betrachten, das immer ein Teilnehmer des gastgebenden Landes für alle teilnehmenden Sportler abgibt: »Im Namen aller Teilnehmer verspreche ich, daß wir uns bei den olympischen *Spielen* als *loyale Wettkämpfer* erweisen, die *Regeln* achten und teilnehmen im ritterlichen Geist zum *Ruhme* des Sports und zur *Ehre* unserer Mannschaften.«[15] Die von mir hervorgehobenen Worte zeigen, daß bei diesem Gelöbnis sämtliche psychischen Grundmotive angesprochen werden. Die große Beliebtheit von Wettkampfspielen über alle Kulturen und Epochen hinweg ist erklärlich, wenn man bedenkt, daß diese der Befriedigung der Bedürfnisse nach Sicherheit (Regeln), Loyalität (Fairness), Bindung (Ehre und Anerkennung), Wettkampf (sich messen mit anderen), Neuheit (Austesten der eigenen Fähigkeiten), Spiel und Freiheit (die Teilnahme ist selbstbestimmt) dienen.

Kommt es zu einer Fixierung des Wettbewerbmotivs, entartet dies zum Vernichtungskampf. Auf Wirtschaftsebene ist die Verdrängung von kleinen Einzelhandelsgeschäften oder Handwerksbetrieben durch Großkonzerne ein klassisches Beispiel. Grundsätzlich deuten alle Verhaltensweisen, die die Zerstörung des Wettbewerbers zum erklärten Ziel haben, auf eine Fixierung des Wettbewerbmotivs hin.

Biologische Bedürfnisse

Der äußere Kreis des Motiv-Rades, der die psychischen Motive umschließt, bezeichnet die biologischen Bedürfnisse, ähnlich wie auch der Körper die äußere Dimension der Persönlichkeit darstellt. Und so, wie wir unsere psychische und geistige Existenz nicht unabhängig von unserem Körper leben können, stehen auch alle Motive der inneren Kreise in enger Verbindung zu den Motiven des äußeren Kreises. Das heißt, daß die Dynamik der Motive immer von den Motivpolaritäten Wachstum und Zerfall bestimmt ist, daß in sämtlichen Motiven auch die Motivpolaritäten Geben und Nehmen wirken, daß sich alle Motive nur über die Motivpolaritäten Kontakt und Rückzug ausdrücken und daß im Erleben und Ausdrücken aller, sowohl der psychischen als auch der biologischen Motive die sexuelle Identität mitschwingt.

Wachstum und Zerfall

Diese beiden Motivpolaritäten beziehen sich auf das Verhältnis vom Teil zum Ganzen. Teile wachsen, andere zerfallen. Betrachten wir nur ein Menschenleben: Verschiedene Rhythmen zwischen Wachstum und Zerfall finden statt. Ein Rhythmus betrifft die gesamte Lebensspanne. Während im Kind- und Jugendalter der Pol Wachstum dominiert, finden wir im Alter eine Dominanz des Pols Zerfall. Wird aus dieser Zerfall-Dominanz eine Fixierung, tritt der Tod ein. Eine Dominanz des Pols Wachstum auf der zellulären Ebene ist z.B. Krebs, und auch hier bedeutet eine Fixierung Tod. Wir finden aber auch sehr schnelle Rhythmen.

So beruht z.B. der Aufbau von komplexen Biomolekülen auf dem Abbau anderer Moleküle durch den Stoffwechsel. Verlieren wir z.b. durch Anstrengung oder Hitze vermehrt Flüssigkeit (Abbau), so meldet der Organismus durch ein verstärktes Durstgefühl, daß er Wasserzufuhr benötigt (Aufbau). Der Ausgleich muß geschaffen werden, wenn nicht Schädigungen oder Tod des Organismus eintreten soll.

Auf der psychischen Ebene bedingt der Rhythmus zwischen Wachstum und Zerfall die Dynamik der Motive. Ist z.b. unser Sicherheitsbedürfnis gesättigt, dann hungert uns nach Neuem. Dann wollen wir Aufregung, Spannung, einen Erlebniskick. Das bedeutet, das Motiv Sicherheit zerfällt als Gestalt und Motivation, während das Motiv Neuheit wächst. Ist das Bindungsbedürfnis übersättigt, erleben wir dies häufig als Einschränkung und Enge, was dann dazu führt, daß das Freiheitsmotiv wächst, während das Bindungsmotiv abnimmt.

Kommt es zu keinem gesunden Rhythmus zwischen den Polen Wachstum und Zerfall, sondern zu starker Dominanz oder Fixierung eines Pols, dann ergeben sich daraus für den einzelnen oder für die soziale Gemeinschaft schädliche und zerstörerische Entwicklungen. Wachstum wird dann zu Wucherung, und Zerfall wird zu Stillstand und Stagnation.

Die Motivpole Wachstum und Zerfall betreffen somit nicht nur sämtliche anderen Motive, sondern alle Aspekte des individuellen und kollektiven Lebens. Eine gesunde und befriedigende Entwicklung kann nur durch ein angemessenes Gleichgewicht entstehen. So kann z.B. innerhalb des individuellen Lebens der Abbau der körperlichen Fähigkeiten mit einem Wachstum der geistigen und psychischen Potentiale, d.h. mit zunehmender Weisheit einhergehen. Ein solcher Ausgleich führt zu einer Würde des Alters, die uns ohne diese Integration meist versagt bleibt. Oder nehmen wir das System eines Unternehmens: Wächst z.B. eine Produktgruppe, so tut das Management gut daran, schon frühzeitig, noch bevor dieses Produkt seinen Wachstumshöhepunkt erreicht hat, mit dem Aufbau eines neuen bzw. veränderten Produktes zu beginnen. Denn alles erreicht über kurz oder lang seinen Höhepunkt bzw. Sättigungsgrad, und der Zerfall beginnt. Wird dieser Rhythmus nicht beachtet, und kann das Unternehmen den Zerfall eines Segments nicht durch das Wachstum eines anderen Segments ausgleichen, wird die Dominanz des Zerfalls in Fixierung übergehen, was letztlich Tod bedeutet.

Geben und Nehmen

Der Atemrhythmus zeigt in elementarster Weise die Notwendigkeit der Integration von Geben und Nehmen. Niemand kann leben, indem er nur einatmet oder nur ausatmet. Auf der sozialen Ebene findet der beständige Ausgleich von antagonistischen Tendenzen seinen Ausdruck in den Bedürfnissen des Nehmens und Gebens; dies betrifft alle Motive. So beinhaltet z.B. das Liebesmotiv sowohl das Bedürfnis nach geliebt werden als auch nach lieben. Und die Verwirklichung des Freiheitsmotivs bedeutet neben dem Nehmen der eigenen Freiheit immer auch, anderen Freiheit zu lassen. Im Loyalitätsmotiv kommt das Bedürfnis nach Einheit von Geben und Nehmen in dem Gefühl, jemandem etwas schuldig zu sein oder von jemandem etwas erwarten zu können, zum Ausdruck.

Sogenannte primitive Kulturen haben der Bedeutung dieses Motivs durch hohe rituelle Beachtung Rechnung getragen. Campbell berichtet vom »Ritual des zurückerstatteten Blutes« der Urvölker, das sich vom Dschungel Südamerikas bis zu den Tundren der Hudson Bay, von den Urwäldern Afrikas bis zu den Wüsten Australiens verfolgen läßt.[16] Danach wurde entweder vor oder nach einer Jagd dem Tier oder der Erde gedankt. Auch unser Erntedankfest begründet sich auf dieses Motiv.

Ein Nehmen kann immer nur mit einem Geben zu einer Einheit verschmelzen, was jedoch nicht bedeutet, daß das Gleiche, was genommen wurde, zurückgegeben werden muß. Auf der biologischen Ebene nehmen wir z.b. Sauerstoff, Nahrung, Getränke auf und geben Kohlendioxyd, Exkremente und Schweiß ab. Auf den psychischen und sozialen Ebenen verhält es sich unterschiedlich, manchmal geben wir das Gleiche, was wir genommen haben, manchmal etwas anderes. Häufig ist das verbale Danken die einzige Gegengabe, die möglich ist – und doch scheint es vielen Menschen relativ schwerzufallen, gerade dies dann in adäquater Form geben zu können. Um nicht »danke « sagen zu müssen, verzichten viele lieber auf ein Nehmen. Eine Spielart, einen angemessenen Dank zu verweigern besteht z.B. darin, das Erhaltene im Nachhinein abzuwerten. Menschen, die nicht dankbar sein können oder wollen, haben in ihrer Kindheit häufig die Erfahrung gemacht, daß sie für etwas, das sie gar nicht haben wollten, zur Dankbarkeit gezwungen worden waren oder sie für etwas Erhaltenes einen unverhältnismäßig hohen Dank (Preis) entrichten mußten. Werden solche Erfahrungen nicht angemessen verarbeitet, entsteht daraus eine Fixierung auf Nehmen. Menschen mit einer solchen Fixierung zeigen entweder ein ausbeuterisches Verhalten, indem sie so tun, als wäre die ganze Welt ihnen etwas schuldig, oder sie erklären alles Genommene für wertlos. In beiden Fällen verweigern sie den angemessenen Ausgleich.

Das andere Extrem ist die Fixierung auf Geben, wobei das Nehmen verweigert wird. Diese häufig ins Gewand der Selbstlosigkeit und des extremen Altruismus gehüllte Fixierung ist ebenso beziehungsschädlich wie die ausbeuterische Haltung, denn wer nur geben will, hält an einer Überlegenheit fest und verweigert den anderen den Ausgleich und die damit verbundene Ebenbürtigkeit. Wenn jemand gibt, ohne zu nehmen, so ist das, als würde er sagen: »Lieber sollst Du Dich schuldig fühlen, als ich.«[17] Für Beziehungen jeglicher Art ist es wichtig, daß man nicht mehr gibt, als man auch zu nehmen bereit ist und der andere in irgendeiner Weise fähig ist zurückzugeben. »Das Glück in einer Beziehung hängt ab vom Umsatz von Nehmen und Geben. Der kleine Umsatz bringt nur einen kleinen Gewinn. Je größer der Umsatz, desto tiefer das Glück.«[18]

Kontakt und Rückzug/Schlaf

Der Gegenpol zum Rückzug/Schlaf ist der Kontakt mit der Welt, wobei das Kontaktbedürfnis durch »Geben und Nehmen« nochmals polarisiert wird. Zum einen ist es aufnehmender Art, dazu gehören die Sinnesfunktionen Sehen, Hören, Tasten, Riechen und Schmecken sowie der sogenannte sechste Sinn, die Intuition, zum anderen abgebender Art, d.h. sich selbst der Welt gegenüber ausdrücken in Form von gezeigten Gefühlen, Mimik, Gestik, Bewegung, Sprache, Kunst und Musik.

Die Art, wie wir mit der Welt in Kontakt treten, ist von unseren übrigen Motiven bestimmt; sie steuern, wie wir mit der Welt in Verbindung treten, was wir wahrnehmen und wie wir auf die Welt einwirken. Insofern ist das Kontaktmotiv untrennbar mit allen anderen Motiven verbunden. Dieser Kontakt ist nun nicht so einfach und klar, wie es den Anschein haben mag. Bedingt durch unsere Sozialisation haben wir psychische Mechanismen entwickelt, die bewirken, daß wir unsere Bedürfnisse zum Teil nicht oder nur verzerrt wahrnehmen, d.h. wir den Kontakt mit uns selbst vermeiden, ohne uns darüber bewußt zu sein. Diese Verfälschungen in der Selbstwahrnehmung zeigen sich dann in unserem Kontakt mit der Umwelt, so daß anstelle eines echten Kontakts ein Scheinkontakt stattfindet.[19]

Watzlawik[20] beschreibt in seiner Geschichte vom Mann mit dem Hammer einen solchen »Kontakt«: Ein Mann möchte ein Bild aufhängen, ihm fehlt aber ein Hammer. Also beschließt er, sich beim Nachbar einen auszuborgen. Doch da kommen ihm

Zweifel: Was, wenn der Nachbar mir den Hammer nicht leihen will? Schon gestern hat er mich nur flüchtig gegrüßt. Es kann zwar sein, daß er in Eile war, aber vielleicht war die Eile ja nur vorgetäuscht, und in Wirklichkeit hat er was gegen mich. Aber was? Schließlich habe ich ihm nichts getan; der bildet sich da was ein. Würde er sich von mir ein Werkzeug borgen wollen, *ich* gäbe es ihm natürlich. Aber warum er nicht? Wie kann man nur so ungefällig sein? Solche Leute vergiften einem richtig das Leben. Womöglich bildet er sich noch ein, ich sei auf ihn angewiesen, bloß weil er einen Hammer hat. Jetzt reicht's mir aber! – Erzürnt stürzt er zum Nachbarn, und noch bevor dieser grüßen kann, schreit ihn der Mann an: »Behalten Sie doch Ihren Hammer, Sie Rüpel!«

Der in der Geschichte zu beobachtende Prozeß beschreibt die Kontaktvermeidungsmechanismen »Retroflektion« und »Projektion«. Bei der Retroflektion wenden sich die Energien des Kontaktmotivs innerhalb der Ich-Grenze um, und statt wirklicher Gespräche mit der Umwelt werden Gespräche mit sich selbst geführt. Ein Teil der dabei erzeugten Wirklichkeiten werden nun auf die Außenwelt projiziert, und diese wird dann auch entsprechend erlebt, ohne daß erkannt wird, daß es sich um die eigene innere Wirklichkeit handelt, die mit der äußeren Welt wenig zu tun hat.

So spielt auch beim Aufbau von Feindbildern der Prozeß der Projektion die maßgebliche Rolle. Während man alle möglichen guten Gegebenheiten sich selbst zuschreibt, werden alle negativen und bösen Eigenschaften und Absichten auf den »Feind« projiziert; und je weniger ein tatsächlicher Kontakt diese Bilder stören kann, um so fanatischer läßt sich daran festhalten.

Als Gegenüber einer projizierenden Person fühlen wir uns verkannt (mit Recht), haben das Gefühl, gegen Windmühlen zu kämpfen und ständig mißverstanden zu werden. Unser Bedürfnis nach Kontakt wird auf jeden Fall frustriert, da dieser Mensch ja nicht wirklich mit uns in Kontakt ist, sondern lediglich mit dem Inhalt seiner Projektion, also mit einem Teil von sich selbst. In der Folge werten wir den Projizierer innerlich ab und reagieren entweder mit Aggression (was diesen dann in seiner Sicht bestätigt), mit Rückzug, indem wir nichts mehr mit dieser Person zu tun haben wollen, oder mit Verzweiflung, wenn weder Aggression noch Rückzug möglich ist.

Ein weiteres Beispiel für einen Kontaktvermeidungsmechanismus ist die Deflektion. Sie zeichnet sich aus durch Ablenkung, Weitschweifigkeit, um den Brei herumreden, Vernebelung und nie genau zur Sache kommen. Diese Taktik wird häufig auch bewußt angewendet, wenn man so tun will, als würde man auf eine Frage antworten, ohne jedoch den Kern der Frage je zu berühren. Es ist der Mechanismus des Ausweichens, des So-tun-als-ob. Im Kontakt mit sich selbst zeigt sich dieser Prozeß übrigens z.B. im ständigen Beschäftigtsein und im Kämpfen auf allen möglichen Nebenkriegsschauplätzen, um sich nicht mit sich selbst und dem Wesentlichen auseinandersetzen zu müssen.

Als Gegenüber einer deflektierenden Person fühlen wir uns je nach Selbsteinschätzung unterschiedlich. Wenn wir uns der deflektierenden Person gleichwertig oder überlegen fühlen, reagieren wir verärgert und gelangweilt. Fühlen wir uns dagegen unterlegen, dann reagieren wir mit dem Gefühl, irgend etwas Wesentliches nicht zu verstehen; wir fragen uns, was wir überhört haben könnten oder welche wichtigen Informationen uns fehlen, um zu begreifen, worum es eigentlich geht.

Je nach Persönlichkeitsstruktur, Machtverhältnis und momentaner Befindlichkeit reagieren Menschen auf Kontaktfrustrationen entweder mit Verwirrung, Ohnmachtsgefühlen und sozialer Angst oder mit Aggression, Rückzug und Desinteresse.

Dem Kontaktbedürfnis steht das Bedürfnis nach Rückzug gegenüber, dessen ausgeprägteste Form der Schlaf ist. Im Schlaf ziehen wir uns vollständig von der Welt zurück. Während wir in jenen Phasen, in denen das Kontaktmotiv aktiv ist, frustriert sind, wenn der Kontakt nicht stattfindet, kann kein noch so interessanter Kontakt verhindern, daß wir in Schlaf fallen, wenn der Organismus vehement danach verlangt. Unsere Fähigkeit, einen dieser Pole über längere Zeit dominieren zu lassen, ist recht begrenzt; Versuche dieser Art sind meist von Gefühlen der Erschöpfung, Krankheit und Zusammenbruch begleitet. In menschenrechtsverletzenden Situationen wird Schlafentzug als Foltermethode eingesetzt. Gezielter Schlafentzug führt nach etwa 60 Stunden zu Halluzinationen und Wahnvorstellungen, wobei es vor allem die Traumphasen, die REM(rapid-eye-movement)-Phasen sind, auf die nicht verzichtet werden kann.

Es deutet viel darauf hin, daß die Bedeutung des Schlafes, und vor allem des Träumens, weit über die regenerative Funktion hinausgeht. Während Freud noch meinte, Träume würden durch ungelöste Spannungen und unbewußte Konflikte ausgelöst (was bedeuten würde, daß die Notwendigkeit des Träumens bei weniger Spannungen und Konflikten nachlassen müßte), zeigt die moderne Schlafforschung, daß die REM-Phasen, ganz gleich, ob sich der Träumer erinnert oder nicht, eine zentrale und unverzichtbare Bedeutung für die Gesundheit des Menschen haben.

In vielen Kulturen wurde die wichtige Bedeutung der Träume nie in Frage gestellt und die Fähigkeit, Träume zu erinnern und zu deuten, gezielt gefördert. Jäger- und Sammler-Kulturen sehen den Traum als zeitlosen Bewahrer und Schöpfer der kollektiven und individuellen Wirklichkeiten. So beobachten die Jäger dieser Kulturen in der Nacht vor der Jagd ihre Hunde und nehmen dann jene mit, die durch Zuckungen im Schlaf zeigten, daß sie die Jagd im Traum bereits vorweggenommen haben.[21] Die Interpretation, daß das Zucken im Schlaf auf eine vorweggeträumte Wirklichkeit hindeutet, beruht auf einem Verständnis von einem zeitlosen Sein, das Vergangenheit, Gegenwart und Zukunft als

Einheit begreift. Diese Sichtweise des Traums als Zustand eines zeitlosen kollektiven (das individuelle einschließende) Überbewußtseins würde auch die Erfahrungen erklären, die von vielen hervorragenden Wissenschaftlern (z.B. Albert Einstein, Dimitrij Mendelejew, Elias Howe usw.) berichtet wurden, nämlich daß ihnen überraschende Lösungen »im Traum« eingefallen sind.[22] C.G. Jung formuliert es in seinen *Erinnerungen, Träume, Gedanken* so: »Alle meine Arbeiten, alles, was ich geistig geschaffen habe, kommt aus den Initialimaginationen und -träumen. 1912 fing es an, das sind jetzt fast fünfzig Jahre her. Alles, was ich in meinem späteren Leben getan habe, ist in ihnen bereits enthalten, wenn auch erst in Form von Emotionen oder Bildern.«[23]

Schlaflosigkeit und Schlafstörungen zeigen immer an, daß der Organismus, trotz Müdigkeit und bewußtem Bedürfnis nach Schlaf, noch auf den Gegenpol Kontakt fixiert ist, was bedeutet, daß das Unbewußte den Nichtschläfer auf eine wichtige, aber nicht wahrgenommene Gegebenheit hinweisen will, mit der er in Kontakt treten soll. Dabei kann es sich um tatsächlich in der alltäglichen Realität unerledigte Situationen handeln, in denen etwas Wichtiges übersehen oder nicht ausgedrückt wurde, es kann aber auch alte, verdrängte oder vergessene Situationen betreffen, die noch geklärt und verarbeitet werden müssen. Schlaflosigkeit ist also immer Ausdruck eines nicht befriedigten Kontaktbedürfnisses.

Weibliche und männliche Sexualität

Die sexuellen Bedürfnisse nehmen eine Sonderstellung ein, da sie die einzigen Motivpolaritäten darstellen, deren Einheit nicht innerhalb eines Individuums hergestellt werden kann. Da wir aufgrund unserer Chromosomenausstattung biologisch auf einen Pol festgelegt sind, brauchen wir zur Vereinigung von männlicher und weiblicher Sexualität einen Menschen, der den gegensätzlichen Pol repräsentiert. Nachdem beim Menschen jedoch die ausschließliche Bindung der Sexualität an den Fortpflanzungszweck aufgehoben und die Sexualität zudem keiner Periodizität unterworfen ist, durchdringt sie in Form der Erotik sämtliche Bereiche des menschlichen Zusammenlebens.

Unter Erotik versteht man in engerem Sinn die geistig-seelische Entfaltung der Geschlechtlichkeit und das Spiel mit deren Reizen. Ihre starke Motivkraft zeigt sich unter anderem in der Werbung, der Publizistik, der Kunst, der Mode und vor allem in der mitmenschlichen Kommunikation. Wir fühlen uns sexuell angezogen von Menschen, deren Ausstrahlung uns Lust macht, uns mit ihnen zu verbinden. Diese sexuelle Anziehung muß nicht notwendigerweise zur sexuellen Vereinigung führen – allein schon jede gemeinsame Aktivität, und wenn es sich um eine noch so trockene und uninteressante Arbeit handelt, wird dadurch lustbetont. Die Aktivierung unseres Sexualmotivs läßt uns in bestimmter Art und Weise wahrnehmen und handeln, ohne daß wir uns dessen unbedingt bewußt sein müssen. Ich kenne viele Frauen, die lieber nur mit Frauen zusammenarbeiten, weil sie sich dabei entspannter fühlen. Und ich kenne viele Frauen, die lieber mit Männern zu tun haben, weil sie das anregender finden. Beiden Gruppen ist jedoch gemeinsam, daß sie Unterschiede in ihrem Befinden und Verhalten konstatieren, je nach dem, ob sie gleichgeschlechtliche oder gegengeschlechtliche Gegenüber haben.

Da sich das Sexualmotiv bei uns Menschen (im Gegensatz zu Tieren) fast immer mit anderen Motiven verbindet – ganz selten beruht ein Verhalten oder eine Reaktion nur auf einem einzigen Bedürfnis – läßt es sich gut verleugnen. Auch vor sich selbst. Dabei wird die Handlungsenergie, die aus dem aktivierten Sexualmotiv stammt, einem anderen beteiligten Motiv zugeordnet.

Trotz angeblicher sexueller Freizügigkeit, die durch die Medien suggeriert wird, ist kein anderes Motiv in unserer Kultur derart tabuisiert und reglementiert wie das Sexualmotiv. Eine Gesellschaft, in der z.B. für Regierungsmitglieder eine sexuelle Affäre das Ende der Karriere bedeuten kann, ist von einem ehrlichen und unbefangenen Umgang mit der Sexualität noch weit entfernt.

Während in den christlich geprägten Kulturen beide Geschlechter einer körper- und lustfeindlichen Moralnorm unterworfen sind, werden in den islamischen Kulturen den männlichen Sexualbedürfnissen größere Freiräume zugestanden, dagegen die weiblichen Sexualbedürfnisse besonders unterdrückt und tabuisiert.

Da die Tabuisierung selbstverständlich nicht die massive Kraft dieses Motivs beseitigen kann, sondern lediglich bewirkt, daß es sich andere Ventile sucht, sind die Ausdrucksformen einer Frustration oder Verleugnung unterschiedlichster Art. Sie reichen von relativ gesunden oder harmlosen Verschiebungen der Energie auf andere Objekte bzw. Ziele in Form von Kreativitäts- und Produktionsleistungen oder einer starken Konsumorientiertheit bis hin zu neurotischen Symptomen oder Krankheiten. Eine gesunde Befriedigung des Sexualmotivs zeigt sich meist in einem relativ hohen Energieniveau und einer lebendigen Ausstrahlung als Mann bzw. Frau.

Neben der Befriedigung des Sexualmotivs auf der zwischenmenschlichen Ebene ist auf der psychosexuellen Ebene die Einheit von männlichen und weiblichen Aspekten auch bei jedem einzelnen notwendig. Psychologisch gesehen ist der Mensch bisexuell angelegt. Jeder hat sowohl die als männlich bezeichneten phallisch-aktiven Motive, wie z.B. Macht oder Eroberung, als auch die als weiblich charakterisierten Motive, wie z.B. Hingabe oder Schutz.

Nach Mead[24] bestehen zwar große Unterschiede zwischen den verschiedenen Kulturen, was sie als typisch männlich oder typisch weiblich bezeichnen, es gibt aber keine Kultur, die behauptet, der Unterschied zwischen Frau und Mann sei lediglich biologischer Art. Die kulturellen Unterschiede in der Charakterisierung männlich/weiblich zeigen, daß es sich hierbei um recht willkürliche Klassifikationen der Eigenschafts- und Rollenverteilung handeln muß und die biologisch-konstitutionelle wohl nicht die maßgebliche Prägung darstellt. Das heißt, daß wir in unserer psychosexuellen Entwicklung jene Motive und Aspekte, die dem jeweils anderen Geschlecht zugeschrieben werden, zunehmend in uns entdecken und leben müssen. Auf der psychosexuellen Ebene muß die Einheit des männlichen und weiblichen Pols also durchaus in jedem einzelnen vollzogen werden, wenn die eigene Persönlichkeit voll entwickelt werden soll.

Gesamtüberblick

Der äußere Kreis des Motiv-Rades stellt die biologischen Bedürfnisse dar:
  Wachstum in der Polarität zu Zerfall,
  Geben in der Polarität zu Nehmen,
  Kontakt in der Polarität zu Rückzug/Schlaf,
  weibliche Sexualität in der Polarität zu männlicher Sexualität.

Die inneren Kreise enthalten die psychischen Bedürfnisse:
  Bindung in der Polarität zu Freiheit,
  Sicherheit in der Polarität zu Neuheit,
  Macht in der Polarität zu Hingabe.

Der innerste Kern, das Bedürfnis nach Einheit und Ganzheit ist ungeteilt.

Sämtliche dieser Primärmotive, mit Ausnahme von Einheit/Ganzheit, unterliegen einer Polarität. Jedes hat seinen Gegensatz, und nur wenn diese Gegensätzlichkeiten integriert werden zu einer

Ganzheit, ist der Organismus gesund und kann sein volles Potential entfalten. Diese Ganzheit muß sich innerhalb eines Individuums entwickeln, d.h., ein und dieselbe Person muß z.B. sowohl ihr Sicherheits- als auch ihr Neuheitsbedürfnis angemessen befriedigen, ein und dieselbe Person muß sowohl ihr Bindungs- als auch ihr Freiheitsbedürfnis leben, usw.

Die einzige große Ausnahme bildet das Motivpaar männliche Sexualität und weibliche Sexualität. Um hier die (biologische) Einheit (zum Zwecke der Fortpflanzung) zu vollziehen, braucht es bekanntermaßen zwei gegengeschlechtliche Menschen. Was jedoch die psychosexuelle Entwicklung betrifft, müssen auch hier bei jedem einzelnen sowohl die femininen als auch die maskulinen Persönlichkeitsanteile entwickelt und integriert werden.

Die vier großen Motivpolaritäten Sicherheit und Neuheit, Bindung und Freiheit ergeben in ihren Nachbar-Konstellationen weitere vier Primärmotive: Die Kombination von Sicherheits- und Bindungsbedürfnis ergibt das Motiv der Loyalität, die Kombination von Bindungs- und Neuheitsbedürfnis das Wettkampfmotiv. Aus der Kombination des Neuheits- und Freiheitsbedürfnisses entsteht das Spielmotiv und aus der Kombination des Freiheits- und Sicherheitsbedürfnisses das Besitzmotiv.

Sowohl diese vier kombinierten Primärmotive als auch die fünfzehn anderen Primärmotive lassen sich in allen Kulturen und durch alle Zeiten der Menschheitsgeschichte hindurch nachweisen.

Meist ist nicht nur ein einziges Motiv die steuernde Kraft der Wahrnehmung und des Verhaltens, sondern es verbinden sich unterschiedliche Motive zu einer Allianz und bewegen den Menschen zu einem bestimmten Wahrnehmungsfokus und dem dazugehörigen Handeln.

All diese Motive in ihren verschiedenen Ausprägungen und Kombinationen bei sich selbst und anderen zu erkennen, ist die

Grundlage zur Entwicklung eines weitgehend kränkungsfreien Kommunikationsstils und vor allem für die Entwicklung der Fähigkeit, ein Bedürfnisbefriediger zu sein. Die Einsicht in die eigenen Motive und ihre Ziele erweitern die Wahl- und Entscheidungsmöglichkeiten, und das intuitive Erfassen bzw. die geschulte Wahrnehmung von Motiven des Gegenübers eröffnet ein weites Feld an erfolgreichen Handlungsweisen.

Das Rad der Motive

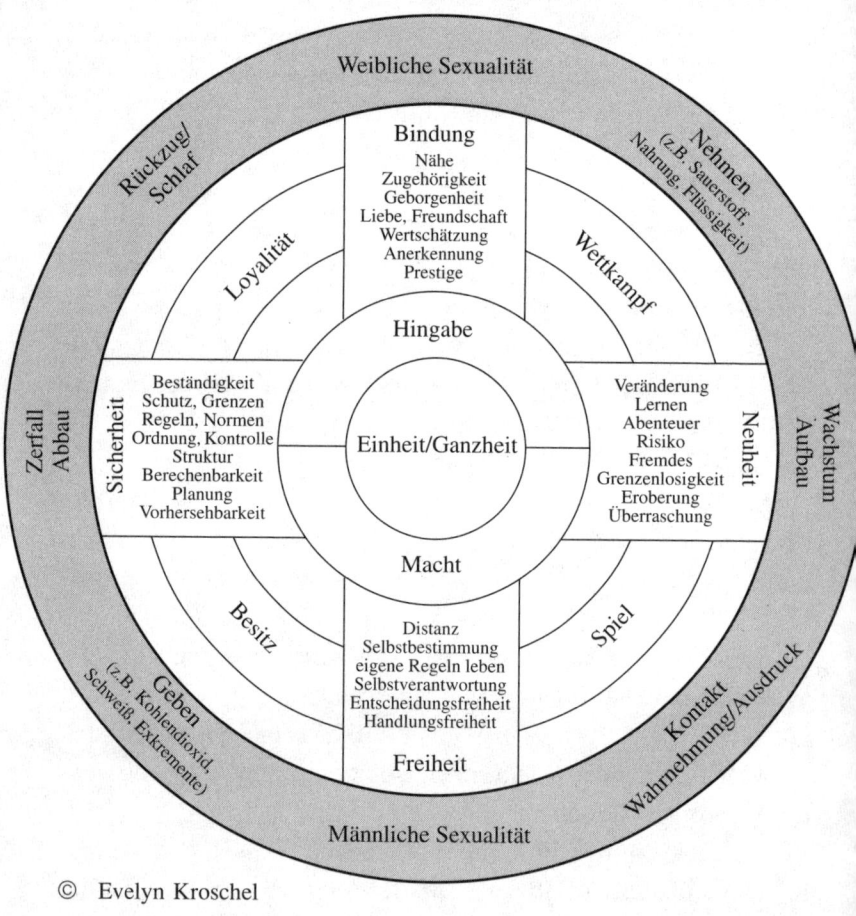

© Evelyn Kroschel

130

7
Training mit dem Motiv-Rad am Beispiel Kritik

Analog zum Modell der Entwicklung von Marktmacht

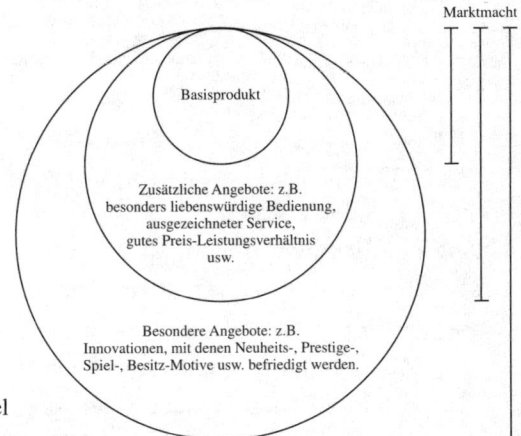

© Evelyn Kroschel

sind auch für die Entwicklung von natürlicher Autorität und persönlicher Führungsmacht zusätzliche Angebote nötig, wenn eine Führungskraft von ihren Mitarbeitern Höchstleistungen an Produktivität und Kreativität erhalten möchte:

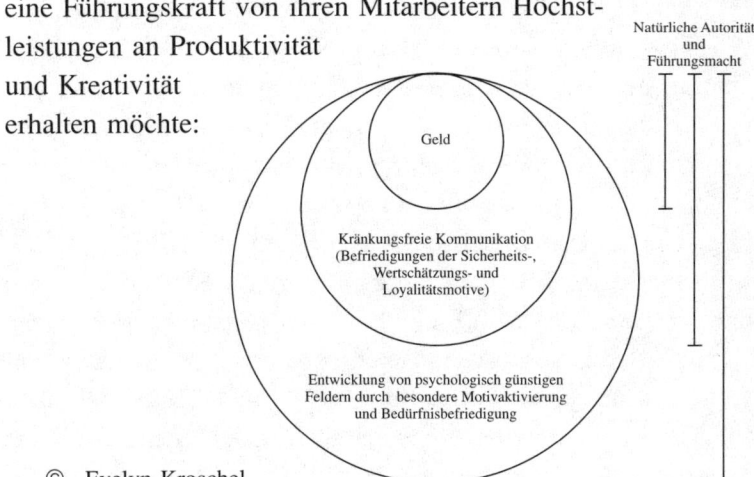

© Evelyn Kroschel

Für die Verwirklichung des zweiten Feldes ist als erster Schritt eine genaue Beobachtung des eigenen Verhaltens und der Reaktionen der Umwelt notwendig. Um unbewußte Kränkungen zu vermeiden, hilft z.b. die Frage:»Würde ich mich genauso verhalten (die gleichen Worte verwenden, die gleiche Mimik zeigen), wenn es sich bei den jeweiligen Personen, mit denen ich zu tun habe, um sehr wichtige oder berühmte Menschen handeln würde?« Nur wenn Sie ehrlich sagen können, daß Sie mit Ihrem Kollegen oder Mitarbeiter in der gleichen Weise umgehen wie mit dem Chef Ihres Chefs oder mit Ihrem wichtigsten Kunden, dann verhalten Sie sich vermutlich kränkungsfrei. Wenn Sie jedoch feststellen, daß Sie sich bei Kollegen und Mitarbeitern weniger freundlich, höflich, respektvoll, wertschätzend und unterstützend verhalten, dann können Sie davon ausgehen, daß Ihr Verhalten keinesfalls ein Energiefeld schafft, in dem Leistung und Kreativität zur Hochform auflaufen.

Das Thema Kritik ist eines der schwierigsten. Seien Sie sich im Klaren darüber, daß *jede* Form der Kritik für den Kritisierten eine Kränkung darstellt. Die Schlagworte von konstruktiver Kritik, Streitkultur, Kritikfähigkeit usw. sind leere Worthülsen. Die sogenannte konstruktive Kritik, die gleich Lösungstips mitliefert, werden vom einzelnen meist noch kränkender empfunden, weil dabei der Kritisierer indirekt zum Ausdruck bringt, daß er es besser weiß oder kann als der Kritisierte (Frustrierung des Wettkampfmotivs). Ich habe immer wieder erlebt, daß oft gerade diejenigen, die Kritikfähigkeit fordern bzw. viel kritisieren, selbst am wenigsten mit Kritik umgehen können. So ist z.B. die häufig propagierte Kritik nach oben meist nichts anderes als ein Lauf ins offene Messer. Einen Vorgesetzten ungestraft kritisieren zu können, setzt eine absolut vertrauensvolle persönliche Beziehung voraus. Und auch dann sollte dies nur unter vier Augen geschehen, ohne Zeugen. Lassen Sie sich nicht täuschen von äußerlich souveränen oder gleichgültigen Reaktionen, denn diese sagen nichts darüber aus, wie es im Inneren aussieht.

Sie kennen den Unterschied zwischen Situationen, in denen man jemanden über eine Peinlichkeit oder Unsicherheit hinweghilft oder aber sie vertieft. Wenn Sie z.B. bei einer mißlungenen Arbeit eines Mitarbeiters davon ausgehen, daß es ihm selbst unangenehm ist, und Sie eine tröstende und aufbauende Bemerkung machen (das, was Sie sich wahrscheinlich in diesem Fall für sich selbst auch wünschen würden), dann schafft das eine völlig andere Atmosphäre, als wenn Sie ihn maßregeln oder gar niedermachen.

Eine Patentanwaltsgehilfin hatte bei der Bearbeitung eines Antrags auf Erteilung eines Patents übersehen, daß es sich um ein in Asien angemeldetes Patent handelte, und in der Folge falsche leitende Aktenzeichen geschrieben. Als dieser Irrtum auffiel, war der Antrag bereits an internationale Stellen weitergeleitet, und es mußte nun ein Weg gefunden werden, den Fehler zu beheben. Der jungen Frau war ihr Mißgeschick äußerst peinlich und sie entschuldigte sich. Ihr Chef erwiderte: »Wir alle haben die Unterlagen in der Hand gehabt und es nicht bemerkt. Der Fehler ist also uns allen passiert. Aus Fehlern lernen wir, und jetzt wollen wir sehen, wie wir das wieder in Ordnung bringen können.« Eine derartige Reaktion befriedigt sowohl das Sicherheits-, das Geborgenheits-, das Wertschätzungs- als auch das Loyalitätsmotiv.

Wenn Ihnen ein solches Verhalten schwierig erscheint, dann überlegen Sie, wie Sie bei einem Fehler eines Vorgesetzten reagieren. Sie machen ihren Vorgesetzten vermutlich sehr vorsichtig, freundlich und höflich darauf aufmerksam.

Achten Sie beim nächsten Mal, wenn Sie kritisch sind, darauf, welche Motive handlungsleitend sind. Geht es Ihnen wirklich darum, dem anderen mit Ihrer Kritik eine Hilfestellung zu geben, oder wollen Sie vielleicht etwas ganz anderes? Könnte es sein, daß Sie beweisen wollen, daß der andere nicht so gut ist wie Sie selbst (Wettkampfmotiv)? Oder könnte es sein, daß Sie ihm etwas zurückzahlen wollen (fixiertes Loyalitäts- = Rachemotiv)? Vielleicht wollen Sie sich durch die Kritik auch gegen Bevormundung wehren (Freiheitsmotiv)? Oder wollen Sie mit Ihrer Kritik zu erkennen geben, daß Sie in der Lage sind, einen Diskussionsbeitrag zu leisten (Anerkennungsmotiv)? Vielleicht haben Sie auch gelernt, daß Sie *nur* durch Kritik Aufmerksamkeit erregen können (Wertschätzungsmotiv; unerledigte Situation und damit Ganzheitsmotiv)? Oder Sie sind selbst gerade kritisiert worden und geben die Kränkung weiter (verschobenes Rachemotiv)? Eventuell kritisieren Sie, weil Ihr Vorgesetzter dies will (fixiertes Hingabe- = Unterwerfungsmotiv)? Oder wollen Sie einfach beweisen, daß Sie der Stärkere sind (fixiertes Macht- = Gewaltmotiv)?

Erweitern Sie Ihre Selbsterfahrung durch die jeweilige Frage, was das Ziel Ihres Motivs ist und ob Sie es mit genau diesem Verhalten, das Sie praktizieren, erreichen können. Trainieren Sie neben diesen Selbsterfahrungsübungen ebenso Ihre Fremdwahrnehmung, d.h., analysieren Sie, welche Motive Sie durch Ihre Kritik beim anderen tangieren.

Lassen Sie sich bei jeglicher Kritik, die Sie geben, von Ihren eigenen Erfahrungen leiten. Seien Sie sich selbst gegenüber ganz ehrlich, und erinnern Sie verschiedene Situationen, in denen Sie Kritik erfahren haben. Wie war die Beziehung zwischen Ihnen und dem Kritiker? Wie war Ihre äußere Reaktion, und was waren Ihre Gefühle und Gedanken? Betrachten Sie das Motiv-Rad: Welche Ihrer Bedürfnisse wurden bei der Kritik frustriert? Wie hat sich die Beziehung zwischen Ihnen und dem Kritiker weiter gestaltet? Waren Sie in irgendeiner Weise nachtragend? Haben Sie bei späterer Gelegenheit einen Seitenhieb gegen ihn ausgeteilt, oder haben Sie sich auf andere Weise (wie?) gerächt? Hat er Sie wieder versöhnt? Wie?

Damit Kritik für den Kritisierten annehmbar ist und keine negativen Folgeerscheinungen mit sich bringt, d.h. weder eine Rachedynamik auslöst noch den anderen demotiviert und blockiert, gibt es einige wenige Möglichkeiten. Die eine Alternative ist ein grundsätzlich wohlwollendes und von Vertrauen und Loyalität geprägtes Verhältnis. In einem derartigen positiven Energiefeld kann Kritik von den meisten Menschen ertragen werden, ohne innerlichen Trotz oder Minderwertigkeitsgefühle hervorzurufen. Trotzdem ist auch in einem derartigen Feld darauf zu achten, daß die Wahl der Worte nicht die Würde des Kritisierten verletzt.

Die zweite Alternative sind *detaillierte* positive Rückmeldungen, die gleichzeitig mit der Kritik angeboten werden. Es nützt nichts, wenn z.B. gesagt wird: »Sie leisten ansonsten ja gute Arbeit, aber ...« Die Worte »ansonsten gute Arbeit« sind zu pauschal, als daß sie für den Betroffenen ein wirkliches Gegengewicht zur meist sehr detaillierten Kritik darstellen könnten.

Um für Kritiksituationen, die im Berufsleben unausweichlich sind, detaillierte positive Gegengewichte parat zu haben, ist es wichtig, gezielt und strategisch kleinste positive Verhaltensweisen, Arbeitserfolge, positive soziale Reaktionen in Konfliktsituationen, Hilfeleistungen für Kollegen usw. zu sammeln. Da einem häufig gerade bei jenen Gelegenheiten, bei denen man Kritik üben muß, die positiven Dinge nicht präsent sind, ist es sehr günstig, die eigene Wahrnehmung ständig mit der Frage zu schulen, was einem am anderen gefällt.

Eine solche Vorgehensweise hat neben dem Vorteil, daß Sie bei notwendiger Kritik immer ein angemessenes positives Gegengewicht schaffen können, weitreichende Wirkungen. Wie schon früher erwähnt, schaffen wir durch unsere Wahrnehmung auch Wirklichkeiten. Wenn sich Ihr Wahrnehmungsfokus vor allem auf die positiven Aspekte einer Person richtet, dann strahlen Sie selbst etwas ganz anderes aus, als wenn sich Ihre Wahrnehmung vor allem darauf richtet, was jemand falsch macht oder was Sie an ihm nicht leiden mögen. Das heißt, mit einem derartigen Wahrnehmungsfokus verstärken Sie das Positive einer Person und erreichen damit, daß sie sich allmählich von ihren besten Seiten zeigt.

Wenn Sie Ihre Beobachtungen nun den einzelnen Motivpolaritäten zuordnen, schulen Sie damit ihre diagnostischen Fähigkeiten, die handlungsleitenden Motive schnell wahrnehmen zu können. Bedenken Sie immer, daß jedes Verhalten und jede Äußerung von einem bzw. mehreren Motiven gesteuert ist. Es gibt kein unmotiviertes Handeln. Mit diesem Üben des Zuordnens werden Sie zunehmend besser wahrnehmen können, welche Motivdominanzen durch welches Verhalten erkennbar sind, und Sie werden mehr und mehr lernen, darauf entsprechend, d.h. als Bedürfnisbefriediger, zu reagieren. Weitere Vorschläge zur Wahrnehmungsschulung finden Sie im nächsten Kapitel.

Mit diesem Training schulen Sie sich gleichzeitig in der Fähigkeit, das dritte Feld der eingangs gezeigten Graphik zu verwirklichen, d.h., Sie schulen Ihre intuitiven Fähigkeiten. Um als Führungskraft eine psychologisch günstige Atmosphäre schaffen zu können, in der sich die vorhandenen Energien zu einer Synergie bündeln, ist es notwendig, die unterschiedlichen Motivdominanzen zu erkennen und zu würdigen.

8

Die Kunst
der intuitiven Führung

Wenn ein General das Prinzip der Anpassung vernachlässigt,
darf man ihm keine bedeutende Position anvertrauen.
Der fähige Anführer setzt den weisen Mann, den tapferen Mann,
den habgierigen Mann und den dummen Mann ein.
Der weise Mann freut sich daran, Verdienste zu erwerben,
der tapfere Mann will seinen Mut im Kampf beweisen,
der habgierige Mann sucht seinen Vorteil,
und der dumme Mann hat keine Angst vor dem Tod.

Sima Quian, 100 v.Chr.

Obwohl der Lehrsatz des chinesischen Heerführers Sima Quian
bereits über zweitausend Jahre alt ist, hat er an Aktualität nichts
eingebüßt. Noch immer gilt, daß wir Menschen unterschiedliche
Dominanzen in unserer Motivstruktur aufweisen, und noch immer
gilt, daß hervorragende Führung all die unterschiedlichen Motive
berücksichtigen muß.

Neben den kulturellen und epochalen Unterschieden in der
Ausprägung und Ausdrucksform der Motive finden wir innerhalb
einer Kultur die gleichen Unterschiede zwischen den Menschen
und auch in jedem einzelnen wiederum die Unterschiede im
Verlauf seines Lebens. Auch wenn die Sozialisation innerhalb
einer Kultur bestimmte Motive als erwünscht in den Vordergrund
stellt und fördert und andere eher tabuisiert und unterdrückt,
heißt das nicht, daß die jeweils gegenpoligen Bedürfnisse bzw.
Motive nicht vorhanden wären. Die Unterdrückung bewirkt lediglich, daß die Wahrnehmung der Bedürfnisse verzerrt wird

bzw. die Befriedigung durch pathologische Ersatzbefriedigungen versucht wird. Bleiben jedoch einzelne Primärbedürfnisse von ihrer Befriedigung ausgeschlossen, dann hat dies Unzufriedenheit, Leistungsstörungen, Mißerfolg, Freudlosigkeit, Krankheit, psychische und soziale Pathologie oder vorzeitigen physischen oder psychischen Tod zur Folge.

So unterschiedlich sich menschliche Gesichter darstellen, obwohl sie von nur wenigen Grundelementen bestimmt werden, so unterschiedlich gestalten sich die Ausprägungen der Motive. Da kann z.b. jemand, der in seiner Kindheit einem extremen Mangel an Sicherheit ausgesetzt war, aus dieser Mangelerfahrung eine Fixierung des Sicherheitsbedürfnisses entwickeln, was dazu führt, daß er ängstlich, mißtrauisch, kontrollierend und allem Neuen abgeneigt ist, d.h. die Neuheitsmotive aus seinem Bewußtsein ausblendet oder unterdrückt. Die gleiche Mangelerfahrung kann jedoch bei jemand anderem dazu führen, daß er seine Sicherheitsbedürfnisse völlig negiert und er, fixiert auf das Neuheitsmotiv, sich ruhelos und waghalsig ständig unberechenbaren und gefährlichen Situationen aussetzt, also die ursprüngliche Situation permanent wiederholt.

Diese sozialisationsbedingten Verzerrungen und Ausblendungen bringen es mit sich, daß jeder Mensch auf andere Angebote anspricht. Ist jemand auf einem Pol dominant oder gar fixiert, dann sind für ihn Angebote aus dem jeweiligen Gegenpol keineswegs bedürfnisbefriedigend, sondern unattraktiv bis schreckenserregend. Was z.B. der eine als »ärgerliches Gängeln« empfindet, ist für den anderen ein »wohltuendes Sich-Kümmern«. Wo der eine in infantiler oder ausbeuterischer Weise (äußert sich häufig in unverschämten Äußerungen, trotzigem Verweigern oder einer generellen unangemessenen Anspruchshaltung) die Grenzen austestet und zur Befriedigung der zugrundeliegenden Motive eine strenge oder harte Grenzziehung bzw. Sanktion benötigt, wäre für den anderen (sein Verhalten ist nicht unverschämt oder ausbeuterisch, sondern eher unkonventionell und unbekümmert) eine solche Grenzziehung oder Härte eine Blockade seiner Kreativität und Produktivität.

Während eine chronische Fixierung oder Dominanz bedeutet, daß ein Mensch über einen langen Zeitraum in seiner Wahrnehmung und seinem Handeln von bestimmten Motivpolen gesteuert ist und ausschließlich diesbezügliche Angebote als befriedigend erlebt, unterliegt eine temporäre Dominanz einem schnellen Wandel. Nehmen wir als Beispiel eine Person, die chronisch auf den Sicherheitspol fixiert ist. Sie möchte in ihrem Arbeitsgebiet klar umrissene Aufgaben, genaue Vorgaben und Pläne, nach denen sie sich richten kann, alles gut strukturiert und kontrollierbar. Unvorhergesehene Veränderungen oder gar Schwierigkeiten und unübersehbare Verhältnisse werden für eine solche Person schnell zu einer Bedrohung und leicht als überwältigend erlebt. Die entsprechenden Reaktionen reichen von Ungeduld und Ärger über ängstliche oder lähmende Unfähigkeit bis hin zu Krankheit. Einem chronisch sicherheitsmotivierten Menschen z.B. ein Projekt anzubieten, das naturgemäß viel Improvisation und kreativen Umgang mit Unsicherheiten und Chaos verlangt, bedeutet für ihn keine Bedürfnisbefriedigung, sondern Bestrafung.

Dem chronisch Neuheitsmotivierten dagegen sind jegliche Regeln, Normen und Ordnungen ein Greuel. Er fühlt sich davon in seinem Tatendrang gehemmt, kann und will sich in keine Grenzen fügen und ist ständig auf der Suche nach neuen Herausforderungen. So ist er der typische Aufbrecher von Strukturen, hat ständig neue Ideen und bringt kreative Impulse. Doch er kann diese nur schwer zu neuen Ordnungen gestalten, da ihm die Aufbauarbeit schnell zu langweilig wird und er die dafür notwendigen umsichtigen und planerischen Fähigkeiten unzureichend entwickelt hat.

Ein Team aus chronisch Neuheitsmotivierten und chronisch Sicherheitsmotivierten könnte die ideale Ergänzung sein, wenn die Gegenpoligkeiten erkannt, gewürdigt und die gegenseitige Abhängigkeit wohlwollend herausgearbeitet wird. Meist ist dies jedoch nicht der Fall, weil der Neuheitsmotivierte den Sicherheitsmotivierten als »Langweiler« und »Prinzipienreiter« verachtet und der Sicherheitsmotivierte den Neuheitsmotivierten als »Chaoten« und »verantwortungslosen Abenteurer« bekämpft. Hier zeigt sich die Kunst einer exzellenten Führung, indem die Führungskraft die jeweiligen Stärken und Schwächen als gleichberechtigt würdigt und dadurch eine Harmonisierung der unterschiedlichen Kräfte fördert. Sie verwirklicht anstelle einer »Teile-und-herrsche«-Ideologie eine »Verbünde-und-siege«-Strategie.

Anders sieht die Situation bei zeitweiligen Dominanzen aus. Stellen wir uns eine Person vor, die ein neues fremdes Arbeitsgebiet übertragen bekommt. Zuerst ist ihr Sicherheitsmotiv dominant, sie möchte Struktur, Kontrolle und Übersicht, um sich zurechtzufinden. Erste Regeln und Einweisungen werden als hilfreich erlebt. Ist das Bedürfnis einigermaßen befriedigt, tritt das Sicherheitsmotiv als handlungsleitende Instanz in den Hintergrund, und das Neuheitsmotiv wächst und gewinnt Dominanz; Risikofreude und Eroberungslust stehen im Vordergrund. Genaue Regeln und Vorgaben, die das Sicherheitsmotiv befriedigten, werden nunmehr unangenehm erlebt und sind von Gefühlen wie Gehemmt- und Gegängeltwerden begleitet. Nehmen die Unsicherheiten und Strukturlosigkeiten überhand, wird wieder das Sicherheitsmotiv aktiviert, während das Neuheitsmotiv in den Hintergrund rückt. Bei einer Übersättigung eines Motivpols zerfällt das Motiv als handlungsleitende Instanz, und statt dessen wächst das Motiv des Gegenpols. Mit dem Rhythmus zwischen Wachstum und Zerfall der Motive ändert sich auch jeweils die Wahrnehmung und die gefühlsmäßige Bewertung und Interpretation der Wirklichkeit. Was zuerst noch lustvoll war, wird langweilig oder bedrohlich, und was zuvor noch uninteressant oder unwichtig war, gewinnt an Bedeutung.

Individuell unterschiedlich ist allerdings auch das Niveau, auf dem die Befriedigung stattfindet. Das ist wie beim Essen. Ist jemand ausgehungert, wird er auch eine mindere Qualität von Nahrung als befriedigend erleben, ist jemand dagegen nur leicht hungrig, muß sowohl die Qualität des Essens als auch das Ambiente stimmen, damit das Ganze als Genuß und somit befriedigend erlebt wird. Wenn man sich überißt, kehrt sich die ursprüngliche Zufriedenheit ins Gegenteil, man fühlt sich unwohl. Genauso verhält es sich mit den psychischen Bedürfnissen: Zuviel Sicherheit erzeugt Langeweile und Trägheit, zuviel Neuheit erzeugt Angst und Oberflächlichkeit, zuviel Bindung erzeugt Gefühle von Eingesperrtsein, und zuviel Freiheit erzeugt Orientierungslosigkeit und Verlassenheit.

Daß ein Übermaß an Befriedigung eines Bedürfnispols nicht zu einer Erhöhung der Zufriedenheit führt, sondern das Gegenteil auslöst, betrifft (abgesehen vom Ganzheitsmotiv, das nicht in der Polarität steht) sämtliche Motive, mit einer Ausnahme: Es scheint so zu sein, daß das Bedürfnis nach Wertschätzung und Achtung niemals einer Übersättigung anheimfällt.

Schon Epikur (341–270 v.Chr.)[1] lehrte »das richtige Maß an Befriedigung« als den Königsweg zur Freude. Seine Philosophie der Freude wurde von Anfang an und zum Teil bis in die heutige Zeit als Hedonismus mißverstanden. Die gegnerischen Interpreten (das waren als erstes die Stoiker) lasen aus seinem Werk lediglich den Aufruf zur bedingungslosen Lusterfüllung heraus und propagierten im Gegenzug die Tugend als höchsten Wert und die Askese als Königsweg dazu. Es könnte kein größeres Mißverständnis der epikureischen Lehre geben, als das Streben nach Freude mit übermäßiger oder rücksichtsloser Lustbefriedigung zu interpretieren. Die wenigen authentischen Schriften Epikurs offenbaren, daß er das Glück und die Freude des Menschen in der *ausgewogenen* Befriedigung der Polaritäten Sicherheit und Neugier, Freiheit und soziale

Bindung, Macht und Hingabe erkannte. Die Beschreibung seiner liebenswürdigen und loyalen Persönlichkeit sowie seiner Lebensweise legt nahe, daß er es offenbar verstanden hat, die Einheit der Polaritäten sowohl bei sich selbst zu verwirklichen als auch bei den zahlreichen Menschen in seiner Umgebung zu entwickeln.

Die bereits zuvor erwähnte zeitweise Dominanz der Pole kann sich über längere Zeiträume erstrecken oder auch ganz kurzfristig stattfinden. Vor allem können bei ein und derselben Person in unterschiedlichen Situationen die unterschiedlichen Pole dominierend und damit handlungsleitend sein. Besteht ein hohes Maß an Integration, d.h., werden beide Pole gleichzeitig befriedigt, dann entsteht die Situation, die ein Flow-Erleben produziert, das höchste Leistungen spielerisch erreichen läßt.

Mit Flow-Erleben bezeichnet Czikszentmihaly[2] einen Zustand, in dem jenseits von Angst und Langeweile spielerisch die höchsten Leistungen erbracht werden. Flow ist ein Bewußtseinszustand, in dem Wollen und Können, Anforderung und Fähigkeit zu einer Einheit verschmelzen. Dieser Zustand ist gekennzeichnet von einerseits einem Gefühl der Sicherheit, der Kontrollier- und Beherrschbarkeit (d.h. die eigenen Fähigkeiten werden als ausreichend erlebt, um die Situation zu bewältigen) und andererseits einem Gefühl von gespanntem Interesse, das sich auf das Neue, das zu Bewältigende, zu Erforschende, zu Erkennende richtet. In einem solchen Zustand werden größte Anstrengungen als glücksstiftend erlebt und höchste Leistungen spielerisch erreicht. Flow entsteht somit, wenn sich die Motive Sicherheit und Neuheit zu einer Einheit integrieren. Und auch hier werden durch die Harmonisierung der gegensätzlichen Polaritäten ungeahnte Energien freigesetzt. Sind Sicherheits- und Neuheitsmotiv gleichzeitig befriedigt, kommt es zu einem Sein und Handeln um seiner selbst willen, bei dem die Tätigkeit für sich genommen so befriedigend und freudvoll ist, daß sie keines weiteren Ziels oder Zwecks bedarf. Die Unterschiede zwischen Spiel und Arbeit lösen sich auf.

Abgesehen davon, daß eine solche Integration von Sicherheits- und Neuheitsmotiv auch das Spielmotiv befriedigt, schafft sie zugleich eine Atmosphäre, die »amae« ermöglicht. Wie schon erwähnt, bedeutet das japanische Wort soviel wie »Freiheit in Geborgenheit«. Freiheit in Geborgenheit setzt die Integration der gegenpoligen Motive Freiheit und Bindung voraus. Ohne hier auf eine umfassende Beschreibung dieses Konzeptes eingehen zu wollen (für Interessierte empfehle ich das Buch von Takeo Doi[3]), bedeutet es im beruflichen Kontext vor allem eine Atmosphäre, in der sich der einzelne in eine wohlwollende und unterstützende Gemeinschaft eingebunden fühlt, innerhalb derer er jedoch die nötige Freiheit erlebt, seine Potentiale zur Entfaltung zu bringen.

Um als Führungskraft eine solche Atmosphäre schaffen zu können, ist neben der schon erwähnten Beachtung, Würdigung und Berücksichtigung der unterschiedlichen Motive und der damit verbundenen Fähigkeiten vor allem ein souveräner Umgang mit Fehlern notwendig. Fehler und Irrtümer müssen als Lernchancen und Entwicklungsmöglichkeiten begriffen und gedeutet werden. Das heißt insbesondere, daß Fehler nicht zum Auslöser für Kränkungen werden und zum Entzug der Wertschätzung führen dürfen. Es bedeutet auch, daß die Angst vor Fehlern und Miß- erfolgen minimiert werden muß, damit zum einen sich die Kreativität entfalten kann und zum anderen nicht enorme Ener- gien in Vertuschungsaktionen und Rechtfertigungskämpfen ver- schwendet werden. Wer glaubt, Fehler der Mitarbeiter durch Einschüchterung und Sanktionen vermeiden oder reduzieren zu können, hat seinen wirklichen Erfolg schon verspielt. Wenn sich die Kreativitätsforschung in einem einig ist, dann in der Erkennt- nis, daß sich das volle Kreativitätspotential nur in einer angstfreien Atmosphäre entfaltet. Wenn trotz Angst und Zwang Kreativitätsleistungen erbracht werden, dann zeigt dies lediglich, daß generell ein sehr hohes Potential vorhanden ist, das sich jedoch in angstfreier Atmosphäre vervielfachen ließe.

Die Kunst der intuitiven Führung besteht also in der Fähigkeit, die gegenpoligen Motive zu einer Einheit zu integrieren, d.h. sie nicht als sich bekämpfende oder bedrohliche Gegensätze zu erleben, bei denen das eine nur auf Kosten des anderen gelebt werden kann, sondern sie als sich ergänzende komplementäre Teile eines Ganzen zu begreifen und sie jeweils angemessen zu befriedigen. Es ist daher notwendig, sowohl verbale als auch nonverbale Verhaltensweisen wahrnehmen zu lernen, die auf bestimmte Motive hinweisen, sowie die eigenen, normalerweise unbewußt ablaufenden Reaktionen entsprechend zu schulen. Die Wirklichkeiten müssen jeweils subtil und individuell erfaßt und der Umgang mit diesen wahrgenommenen Motiven individuell mit den eigenen Motiven abgestimmt werden.

Um als Führungskraft die Fähigkeit zu entwickeln, positive und synergetische Felder zu schaffen, in denen die Mitarbeiter Flow und Amae erleben können und somit innerhalb ihrer Arbeitswelt einen hohen Grad an Bedürfnisbefriedigung erfahren, ist ein kognitives Wissen über die Psychologie der Motive zwar notwendig, reicht aber natürlich nicht aus. Für das Sich-selbst-Kennenlernen und die Entwicklung der Bewußtheit über die eigenen wahrnehmungs- und handlungsleitenden Motive sowie das Erkennen der fremden Motive müssen praktische psychologische Fähigkeiten erlernt werden, die Fähigkeiten einer erweiterten Wahrnehmung und bewußten Lenkung von geistiger und psychischer Energie (Fähigkeiten, die z.B. dem Judo oder Karate zugrundeliegen, weil bei beiden Sportarten die Qualität und die äußerste Genauigkeit des Einsatzes der Energie entscheidend ist, welche wiederum von höchster Wahrnehmungsfähigkeit und tiefer Konzentration bestimmt sind). Erst die Einsicht in die eigenen handlungsleitenden Motive und Emotionen ermöglicht es, erfolgreich mit ihnen umzugehen, ohne sich selbst zu sabotieren oder das eigene Potential zu unterdrücken. Je mehr wir wissen, welche unbewußten Energien in uns arbeiten und uns zum Handeln bewegen – und das sind in Wirklichkeit oft ganz andere, als wir sie rational begründen – und welche Ängste uns hindern, unser schlummerndes Potential zu entfalten, desto besser können wir auch die Fähigkeit entwickeln, mit diesen Energien so umzugehen, daß sie uns als Kraftquellen dienen.

Um die eigenen unbewußten Motive zu ergründen, ist es als erstes hilfreich, die Lebensphilosophie der Eltern und frühen Bezugspersonen zu betrachten. In welcher Atmosphäre mit welchen »Regeln« und »Lebenssätzen« sind Sie in den ersten acht Lebensjahren aufgewachsen? Welches eigene »Lebensskript« haben Sie sich geschrieben? Stellen Sie sich vor, Sie leben nach einem unbewußten inneren Drehbuch[4] – welches Thema hat diese Geschichte? Welche Befriedigungen sind darin erlaubt und welche nicht? Welche Situationen wiederholen sich in Ihrer Geschichte?

In einem Seminar stellte z.B. einmal ein Manager fest, daß er immer wieder verhinderte, die Früchte seiner Arbeit zu ernten. Er arbeitete sehr hart und offenbar mit vielen Ideen und Kreativität, doch dann passierte immer irgend etwas, das dazu führte, daß die ganze Anerkennung und Wertschätzung seinem Nachfolger zuerkannt wurde. Die jeweiligen Ereignisse, die zu dieser für ihn sehr unbefriedigenden Lage führten, waren sehr unterschiedlich – vom Streit mit einem Vorgesetzten, der zur Trennung führte, über eine Firmenübernahme durch einen anderen Konzern, die ein neues Arbeitsgebiet bedeutete, bis hin zu einem verlockenden Angebot eines anderen Unternehmens, worauf er kündigte. In der Arbeit an seinem Thema stellte sich heraus, daß er in seinen Handlungsweisen und im unbewußten Strukturieren und Aufsuchen von Situationen von einem ihm bis dahin unbewußten Loyalitätsmotiv gesteuert war. Der Vater des Managers war in den Augen der mütterlichen Herkunftsfamilie, deren Mitglieder allesamt auf verschiedenen Gebieten sehr erfolgreich waren, ein Versager. Die unbewußte Loyalität zum Vater (auf der bewußten Ebene standen die beiden in Konflikt) ließ meinen Klienten seinen eigenen Erfolg verhindern. Die Lösung aus dieser Familienverstrickung lag in der sogenannten Erledigung der Situation: Das heißt, er mußte seine (verleugnete) Liebe und Loyalität zum Vater wahrnehmen und benennen, des weiteren mußte er wahrnehmen, welche Handlungen aus diesem Motiv resultierten, und in einem letzten Schritt mußte er sich entscheiden, die kindliche Übernahme des väterlichen Leitmotivs abzugeben. Danach konnte er aktiv für seinen Erfolg sorgen – und er avancierte innerhalb eines Jahres zum Geschäftsführer seiner Firma.

Betrachten Sie das Rad der Motive, und überprüfen Sie, welche der Grundbedürfnisse Sie von sich selbst kennen. Wie und von wem werden diese Bedürfnisse jeweils befriedigt? Welche Ihrer Verhaltensweisen sind förderlich, so daß diese Bedürfnisse befriedigt werden? Mit welchen Verhaltensweisen erreichen Sie, daß Sie *nicht* bekommen, was Sie möchten? Welches Bedürfnis meinen Sie, von sich nicht zu kennen? Wenn Sie Ihre nähere Umgebung (Partner, Kollegen, Mitarbeiter, Vorgesetzte) betrachten: Durch welche Verhaltensweisen (verbale und nonverbale) bringen diese Personen welche Bedürfnisse zum Ausdruck? Bei welchen Personen und bei welchen Bedürfnissen fällt es Ihnen besonders leicht, als Bedürfnisbefriediger zu wirken, und bei welchen Personen und Motiven gelingt es Ihnen nicht bzw. mögen Sie nicht?

Unerledigte Erfahrungen aus der Vergangenheit führen dazu, daß wir unbewußt Situationen aufsuchen oder sie so strukturieren, daß wir immer wieder mit ähnlichen Schwierigkeiten konfrontiert sind, bis wir das Unerledigte gemeistert haben. Ebenso verhält es sich mit bestimmten Menschen, mit denen wir konflikthaft aneinandergeraten. Immer dann, wenn Sie nicht gelassen mit den für Sie unliebsamen Eigenschaften anderer umgehen können, sondern sich in einen Kampf verstricken, sollten Sie sich fragen, an wen aus Ihrer Vergangenheit diese Person Sie erinnert und inwieweit Sie mit Ihren Gefühlen tatsächlich nur auf die gegenwärtige Person reagieren oder inwieweit die Gefühle aus einer alten unerledigten Situation die Gegenwart stark beeinflussen (vgl. Kapitel 5: »Kränkungen...«). Hilfreich sind auch Fragen wie: Was ist es genau, was mich so aufregt? Welches Motiv liegt hinter diesem Verhalten? Kenne ich das Motiv bei mir? Wie wirkt es sich bei mir aus?

All diese Fragen dienen der Einsicht in das eigene Selbst und sind notwendige Voraussetzung, um die Fähigkeit zu entwickeln, es sich selbst wirklich gutgehen zu lassen und die eigenen Anlagen und Ressourcen zu entfalten. Zugleich ist dies die Voraussetzung für die Entwicklung der Fähigkeit, die fremden Wirklichkeiten, d.h. die fremden Gefühle, Bedürfnisse bzw. Motive unverzerrt wahrzunehmen und verantwortlich und erfolgreich damit umgehen zu können.

Wie ein solches Wahrnehmen und Berücksichtigen von Motiven in einer alltäglichen Berufssituation aussieht, soll ein Beispiel aus meiner Praxis verdeutlichen: Eine Projektleiterin bat mich um Coaching für eine, wie sie es nannte, ausweglose Situation. Sie mußte in vier Tagen ein abgeschlossenes Projekt präsentieren, das sie ein Jahr geleitet hatte. Für diese Präsentation hatte sie einen dreistündigen Vortrag mit unzähligen Folien vorbereitet – um nun zwei Tage zuvor zu erfahren, daß der Vortrag nicht länger als 20 Minuten dauern dürfe. Es erschien ihr völlig unmöglich, in dieser kurzen Zeit auch nur annähernd die nötigen Informationen darstellen zu können.

Doch das war nicht das einzige Problem. Noch schlimmer war, daß sie meinte, allen Grund zu der Befürchtung zu haben, daß der Auftraggeber, ein Vorstand des Unternehmens, im Laufe des Jahres implizit den Auftrag verändert hatte, so daß das Projektergebnis gar nicht mehr dem entsprach, was der Vorstand sich nun offenbar vorstellte, und somit aus einem eigentlich erfolgreichen Abschluß ein Mißerfolg zu werden drohte. Anlaß zu dieser Befürchtung gab der kursierende Ausspruch des besagten Vorstandes, daß es bei diesem Projekt darum ginge, daß man den Mann von der Straße ins Unternehmen holen und an den Computer setzen könne und dieser dann in der Lage sei, ohne jegliche Vorkenntnisse das Produkt herzustellen. Die Aussage der Projektleiterin dazu: »Das ist der totale Wahnsinn! So etwas geht nicht! Auftrag war, eine Computersimulation der Herstellung des Produkts mit allen Verfahrensschritten zu entwickeln, und Ziel war, dadurch alle möglichen Fehlerquellen zu erfassen. Am Schluß sollte dann das dreidimensionale Produkt fehlerfrei auf dem Bildschirm sein. Auf dem Bildschirm! Und nicht in der Realität! Und er [der Auftraggeber] stellt sich nun offenbar vor, wir hätten eine computergesteuerte Fertigungsanlage entwickelt.« Die Projektleiterin hatte sich innerlich schon für die Auseinandersetzung mit dem Vorstand gerüstet, dem sie in aller Deutlichkeit klarmachen wollte, daß erstens das gar nicht geht, was er sich vorstellt, und daß zweitens der Projektauftrag ein anderer war.

Als ersten Schritt zur Lösung ließ ich mir die Personen auflisten, denen das Projekt vorgestellt werden sollte. Wer ist anwesend? Was sind die Interessen an dem Projekt? Welche grundsätzliche Stimmung ist zu erwarten? Dabei ergab sich: Anwesend werden sein der Auftraggeber (Vorstandsmitglied), zwei weitere Vorstandsmitglieder, der Chef der Projektleiterin (Bereichsleiter), acht Manager aus der Hauptabteilungsleiterebene sowie zwei Kollegen der Projektleiterin aus dem Projektteam. Die acht Hauptabteilungsleiter gehörten unterschiedlichen Geschäftsbereichen an und bildeten ein neugegründetes Projektgremium, das zu dem Zweck eingerichtet worden war, eine bessere

Informationsdichte bezüglich laufender Projekte im Unternehmen zu entwickeln. Die einzelnen Manager sollten abteilungsübergreifend wissen, welche Projekte im Unternehmen laufen. Die beiden Vorstände waren vom Auftraggeber zur Teilnahme eingeladen worden, aus Gründen, die der Projektleiterin unbekannt waren.

Eine kurze Motivanalyse ergab folgende Hypothese: Der Auftraggeber möchte, daß sich das investierte Geld gelohnt hat (Besitzmotiv, Wettkampfmotiv, Neuheitsmotiv). Außerdem möchte er durch das Projekt sein Bedürfnis nach Prestige und Erfolg befriedigt sehen, vor allem angesichts der Tatsache, daß zwei seiner Vorstandskollegen anwesend sein werden. Der Chef der Projektleiterin möchte ebenfalls, daß seine Mitarbeiterin ein erfolgreiches Projekt präsentiert, weil Erfolg oder Mißerfolg auf ihn zurückfällt. Für die beiden Kollegen aus dem Projektteam besteht die gleiche Bedürfnislage. Die Hauptabteilungsleiter des Gremiums sind als neutral einzustufen, was den Erfolg angeht; sie haben wohl einerseits ein Informationsbedürfnis (Neuheit und Sicherheit), wollen aber sicher nicht gelangweilt werden (Spielmotiv); ihr Bedürfnis ist wahrscheinlich eher, nicht ihre Zeit verschwendet zu sehen – das Gleiche gilt wohl auch für die beiden Vorstandsmitglieder. Es handelt sich also bei allen Beteiligten um Personen, die vorab kein spezielles Interesse an vertiefenden Details des Projekts haben dürften.

Nun bat ich die Projektleiterin, mir doch kurz ihr Projekt zu erklären. Wie sah ihre Tätigkeit aus? Welche Schwierigkeiten gab es? Was sind die wichtigsten Ereignisse und Ergebnisse? In zehn Minuten umriß sie grob das Projekt. »Was wollen Sie unbedingt an den Mann bringen?«, fragte ich. Sie präzisierte in zwei Minuten nochmals die wichtigsten Punkte. »Großartig«, sagte ich, »damit haben Sie ihre Zwanzig-Minuten-Präsentation! Und dazu präsentieren Sie maximal acht Folien.« Sie schaute mich entgeistert an: »Das geht unmöglich. So laienhaft wie ich

es jetzt Ihnen erklärt habe, kann ich das unmöglich präsentieren!«
»Warum nicht?«, entgegnete ich. »Wenn wir uns die Beteiligten betrachten, dann wissen die einen, nämlich Ihr Chef und Ihre Kollegen, sowieso die Einzelheiten, und die anderen wollen erst einmal eine Grobinformation. Ein detaillierter Vortrag würde also sicherlich alle nur langweilen und in der Folge Desinteresse oder Aggression auslösen. Wenn Sie dagegen die vertiefenden Detailinformationen nur auf Nachfrage in der anschließenden Diskussion geben, dann können Sie sich des Interesses Ihrer Zuhörer sicher sein.«

Ich spürte, daß meine Argumente für sie nicht akzeptabel waren. Sie sah ihre kompetente Selbstdarstellung (Besitz-, Macht- und Prestigemotiv) bedroht. So erzählte ich ihr eine Geschichte, die ich kürzlich gelesen hatte: »Als der englische Wissenschafts- minister Waldegrave vor der Entscheidung stand, ob England einen Bau der geplanten ›Großen Hadronenschleuder LHC‹ am europäischen Kernforschungszentrum mitfinanzieren soll, fragte er sich, wozu denn die subatomare Teilchenphysik und nun speziell noch die Higgs-Teilchen nütze seien. In seiner Verzweif- lung, als gelernter Historiker über Sinn und Nutzen des ominösen Higgs-Teilchens urteilen zu müssen, setzte er kurzerhand einen Preis aus für einen Physiker, der ihm dies allgemeinverständlich und auf einer DIN-A4-Seite erklären konnte. Wie der Minister dann auf einer Pressekonferenz brillant demonstrierte, war die Initiative gelungen, und fünf der besten Einsendungen wurden mit Champagner belohnt. Und ehrlich gesagt«, schloß ich meinen Exkurs, »ich würde mir als Chef auch wünschen, daß meine Mitarbeiter mir ihre komplizierten Sachverhalte kurz und prä- gnant auf einer Seite oder in einem Zehn-Minuten-Vortrag dar- stellen können!« Sie lachte und war einverstanden. (Ich habe mit der Geschichte ihr Prestige- und Wettkampfmotiv befriedigt, indem ich als Referenz und Vergleichsbasis eine sehr elitäre Personengruppe anbot.)

Nun ging es um die befürchtete implizite Veränderung des Projektauftrags aufgrund der Äußerungen des Vorstandes, man könne den Mann von der Straße hereinholen. Wichtigste Regel, die es dabei zu beachten gilt: Kein Mensch, und schon gar nicht aus höheren Führungsetagen, mag gerne hören, daß etwas nicht geht (Frustration des Motivs Neuheit). Mich selbst macht es rasend, wenn ich meinem Mann eine neue Idee unterbreite, und er schmettert dies mit einem »Das geht nicht!« ab. Was im privaten Bereich vielleicht zum Streit führen mag (in dessen Verlauf sich übrigens häufig herausstellt, daß das Es-geht-nicht eigentlich ein Ich-will-nicht bedeutet), kann sich im beruflichen Kontext zum Desaster entwickeln. Kommt das Das-geht-nicht von oben (Geschäftsleitung, Chef usw.), dann führt es zu Demotivation, Blockade der Kreativität und Innovationsstillstand, kommt es von unten (Mitarbeiter), dann führt es zur Abwertung des Mitarbeiters, dem man mangelnde Kreativität und Leistungswilligkeit vorwirft. Im vorliegenden Fall war es also notwendig, eine Lösung zu finden, die die offenbar veränderte Vorstellung des Auftraggebers und seine dabei zugrundeliegenden Motive berücksichtigt und zugleich das Bedürfnis der Projektleiterin nach Anerkennung befriedigt, also das vorliegende Ergebnis einen Erfolg sein läßt.

Die Berücksichtigung der Motivstruktur des Vorstands (Wettkampf, Prestige, Erfolg, Neuheit, evtl. auch Spiel) sowie die Regel, daß ein Es-geht-nicht grundsätzlich nicht ratsam ist, ergab meinen Vorschlag: »Sie müssen Ihre Präsentation beginnen mit der Aussage des Vorstandes, die Sie als Vision darstellen. Das heißt, Sie benennen den gehörten Satz vom ›Mann von der Straße‹ als Vision des Herrn XY. Die namentliche Nennung und das wörtliche Zitat sind äußerst wichtig, denn zur Befriedigung des Wertschätzungs- und Anerkennungsmotivs ist es wichtig, daß jeder hört, *wer* die gute Idee hatte. Weiter sagen Sie, daß dieses Projekt einen ersten wichtigen Schritt zur Verwirklichung der Vision darstellt. Dann stellen Sie Ihre Arbeit vor und präsentieren Ihr erfolgreiches Ergebnis. Zum Schluß erwähnen Sie das Zitat und den Namen nochmals und beenden Ihren Vortrag mit einem Hinweis auf die noch weitere notwendige Forschungsarbeit.«

Mit dem Benennen der Vision und ihres Urhebers am Beginn der Präsentation erreicht die Projektleiterin mehrere psychologisch wichtige Resultate: Erstens befreit sie sich selbst vom Druck des unausgesprochenen Anspruchs und der daraus resultierenden Verunsicherung (d.h. sie befriedigt ihr Sicherheitsbedürfnis). Zweitens sichert sie sich die wohlwollende Stimmung des Auftraggebers (d.h. Befriedigung ihres Geborgenheitsbedürfnisses), der seine Vision als öffentlich gewürdigt erlebt und damit sein Grundbedürfnis nach Wertschätzung, Anerkennung und Prestige befriedigt sieht. Drittens sichert die Projektleiterin ihr Ergebnis als Erfolg, indem sie den Kontext verändert und das Projekt als wichtige Voraussetzung zur Verwirklichung der Vision darstellt und damit die Möglichkeit der Eroberung des Marktes durch eine Innovation weiter im Spiel ist (Befriedigung der Motive Neuheit, Wettkampf und Spiel).

Nach der Präsentation rief sie mich an: »Es war tatsächlich so, wie Sie es gesagt hatten. Gleich schon zu Beginn, als ich Herrn XY und seine Vision erwähnte, konnte ich feststellen, wie die Stimmung stieg. Und weil der Vortrag so kurz war, wurde mir aufmerksam und ohne Unterbrechung zugehört. Anschließend herrschte eine so interessierte und lebhafte Atmosphäre, daß die Diskussion über zwei Stunden dauerte und sich dabei tatsächlich ein vielversprechendes weiteres Vorgehen ergab.«

Wie ich ein paar Monate später erfuhr, ist das Projekt mit einer Sonderprämie belohnt und die Projektleiterin in eine langersehnte Position befördert worden. Sie hatte mit der Wahrnehmung und Berücksichtigung der eigenen und fremden Motive ein Synergiefeld geschaffen, in dem die jeweiligen psychischen

Kräfte harmonierten und sich zu einem erfolgreichen Ganzen formieren konnten, so daß sich aus dem Zusammenspiel ein innovativer Wissensschöpfungsprozeß entwickeln konnte.

Um die Fähigkeiten entwickeln zu können, die einer Führungskraft natürliche Autorität und Exzellenz verleihen, muß die psychologische Weiterbildung von Führungskräften weit über die üblichen Potentialanalysen, Kommunikationsschulungen und theoretischen Führungsstilempfehlungen hinausgehen. Um die verschiedenen und parallelen Wirklichkeiten erfassen und erfolgreich mit den vorhandenen Energien umgehen zu können, ist ein anderer Wahrnehmungsfokus notwendig, als er normalerweise praktiziert wird.

Doch nicht nur in bezug auf die eigenen Mitarbeiter, Kollegen und Vorgesetzten ist es unerläßlich, die intuitiven und psychologischen Fähigkeiten zu schulen. Gerken[5] beschreibt unter dem Thema »Wenn der Markt aus Evolution besteht, versagt die Logik der Strategie« die Problematik der westlichen Rationalität: »Es existiert eine westliche Sucht, ... nämlich die Sucht, Problem und Problemlösung im Sinne eines logischen Prozesses aufeinander zu beziehen: Die westliche Logik ist zu eng für die neuen Märkte, weil sie nur Probleme und Problemlösungen akzeptiert.« Er führt, auf eine globale Ebene bezogen, aus, daß die neuen Märkte durch ihre Irrationalität mit logischen Instrumenten nicht erfaßbar und schon gar nicht steuerbar sind, und kommt zu der Aussage, daß der westliche Manager unter der Nicht-Steuerbarkeit der Märkte leidet, jedoch nicht die neuen Freiheiten für seinen Erfolg entdeckt.

Das Entdecken der Irrationalität und ihre Nicht-Steuerbarkeit durch logische Prozesse ist so neu ja nun nicht. Ob Börsengeschehen oder Krieg – wer möchte da noch von einer Logik oder Rationalität sprechen? Doch es ist immer schwierig, mit Irrationalität in Makrosituationen, wie z.B. dem internationalen Markt oder politischen Krisen, erfolgreich umgehen zu können, wenn dies nicht in Mikrosituationen geübt wird. Zwischenmenschliche Beziehungen sind die Mikrosituation der Irrationalität; in ihnen können wir die gleichen irrationalen bzw. transrationalen Prozesse beobachten, wie sie auch in den nationalen und internationalen Beziehungen sichtbar werden.

Um also z.b. das Potential des kollektiven Unbewußten eines Unternehmens auf den Erfolg in irrationalen Märkten ausrichten zu können, ist es notwendig, erst einmal den persönlichen Umgang mit diesem Unbewußten zu trainieren. Und genau an diesem Punkt muß eine Führungskräfteentwicklung ansetzen. Sie muß die Führungskraft zuerst befähigen, mit ihrem eigenen unbewußten Wissen in Kontakt zu treten. Ist sie dazu in der Lage, lassen sich ihre diesbezüglichen Fähigkeiten auch auf das gesamte Unternehmens- und Marktfeld generalisieren.

Neben der schon erwähnten Selbsterfahrung ist ein Training in der Wahrnehmung von psychischen Energiefeldern notwendig. Die vielgepriesene Konzentration auf die sogenannte Sachebene und die Illusion, die psychischen Komponenten vernachlässigen zu können, verhindern die Entwicklung und Nutzung unseres sechsten Sinns. Diesen jedoch gilt es zu trainieren, und er hat viel mit Hingabefähigkeit zu tun. Erst wenn man sich dem Fluß der Wahrnehmung hingeben kann, ohne ihn durch vermeintliches Wissen bzw. vorgefaßte Erwartungen und Meinungen einzuengen, zu lenken oder zu bremsen, wird sich das Unbewußte erschließen, und man wird in die Lage versetzt, die unsichtbaren Kraftfelder wahrzunehmen und selbstverantwortlich mitgestalten zu können.

Intuition ist normalerweise die *zufällige* Wahrnehmung und Nutzung eines unbewußten, irrationalen Prozesses. Eine Führungskraft hingegen muß, will sie überdurchschnittlich erfolgreich sein, ihre intuitiven Fähigkeiten schulen, um zu einer *beabsichtigten* Wahrnehmung und *bewußten* Nutzung des irrationalen Unbewußten fähig zu sein. Jeder, der sich selbst bereits die Erfahrung erlaubt hat, sich neben seinen logischen Denkprozessen und rationalen Strategien von seinen Intuitionen leiten zu lassen, weiß, wie spannend, lustvoll und erfolgreich es ist, die Wirklichkeiten des Irrationalen kennenzulernen und sie im eigenen Handeln einzubeziehen. Und das bedeutet in letzter Konsequenz, daß Menschen, die sich auf diesen Prozeß der Entwicklung ihrer persönlichen Macht und Hingabefähigkeit einlassen, zugleich ihr Leben erfolgreicher, intensiver und lustvoller gestalten.

Wie schon ganz zu Anfang erwähnt, geht die Bedeutung einer solchen persönlichen Autoritätsentwicklung weit über das Feld der Managementszene hinaus. Eine Gesellschaft, die ihren Kindern nicht lehrt, wie man persönliche Macht erwirbt und verantwortlich damit umgeht, wird zwangsläufig eine gewalttätige und unterwerfende Gesellschaft sein. Die Gewalttätigkeit richtet sich entweder gegen die eigene Person in Form von Krankheiten, Süchten und Sich-Unterwerfen oder gegen die Umwelt, gegen Menschen, Tiere und Natur.

Ein Ausstieg aus der gesellschaftlichen Gewalt-Unterwerfungs-Spirale kann nur individuell durch die Entwicklung der eigenen Macht- und Hingabefähigkeit geschehen und durch die Förderung und Entwicklung von machtvollen und hingabefähigen Persönlichkeiten im eigenen Umfeld. Im Gegensatz zu vielen anderen hehren Zielen (bei denen der Weg oft mit Entbehrungen gepflastert ist, so daß man ihn schnell wieder verläßt, oder man mutet ihn von vornherein nur anderen zu) liegen hier die Erfolgschancen sehr hoch, weil schon der Weg selbst Spaß macht und für sich genommen faszinierend ist.

Anmerkungen

1
Nicht Macht ist unheilvoll, sondern Ohnmacht

1 Toffler, A.: *Machtbeben*. Econ TB, Düsseldorf, Wien, 1993.
2 Weber, M., 1921, zit. nach Heckhausen, H.: *Motivation und Handeln*. Springer, Berlin, Heidelberg, 1980, S. 296.
3 Arendt, H.: *Macht und Gewalt*. Piper, München, 1993.

2
Die Macht des Bedürfnisbefriedigers

1 Peters, T.J./Waterman, R.H.: *Auf der Suche nach Spitzenleistungen*. Verlag moderne industrie, Landsberg/L., 1993.
2 Sattelberger, T.: »Lernende Organisation«. In: Gester/Heitger/Schmitz (Hrsg.): *Managerie*. Carl-Auer-Systeme, Heidelberg, 1993.
3 Höhler, G.: *Spielregeln für Sieger*. Econ, Düsseldorf, Wien, 1991.
4 Yablonsky, L.: *Der Charme des Geldes*. Edition Humanistische Psychologie, Köln, 1992, S. 13.
5 Gerken, G.: *Management by Love*. Econ TB, Düsseldorf, Wien, 1993.
6 Sprenger, R.K.: *Mythos Motivation*. Campus, Frankfurt/M., 1992.
7 Lindgren, H.C.: *Einführung in die Sozialpsychologie*. Beltz, Weinheim, Basel, 1973.
8 Toffler, A.: *Machtbeben*. Econ TB, Düsseldorf, Wien, 1993.
9 Nonaka, I.: »Innovationsmanagement als ein Prozeß der Wissensschöpfung«. In: Esser/Kobayashi (Hrsg.): *Kaishain*. Verlag für Angewandte Psychologie, Göttingen, Stuttgart, 1994.
10 Chung, T.Z.: Seminarunterlagen der Epis GmbH, Duisburg, aus der Euroforum Konferenz »Ihre Marktchancen in China«, 1993.
11 vgl. dazu Wing, R.L.: *Der Weg und die Kraft. Laotses Tao-te-king als Orakel und Weisheitsbuch*. Droemer Knaur, München, 1987.
12 Iacocca, L./Novak, W.: *Iacocca. Eine amerikanische Karriere*. Ullstein, Frankfurt/M., Berlin, 1989, S. 56.
13 ebd. S. 86.
14 ebd. S. 84.
15 ebd. S. 87/88.
16 ebd. S. 28/29.
17 ebd. S. 58/59.
18 ebd. S. 42/43.

3
Spiegel, Perle und Schwert
Die Verwirklichung der japanischen Machtsymbole
im Management

1 Stead, A., 1906, zit. nach Singer, K.: *Spiegel, Schwert und Edelstein. Strukturen des japanischen Lebens.* Suhrkamp, Frankfurt/M., 1991, S. 308.
2 Imai, M.: *Kaizen.* Wirtschaftsverlag Langen/Müller Herbig, München, 1992, S. 65.
3 Womack, J.P., u.a.: *Die zweite Revolution in der Autoindustrie.* Campus, Frankfurt/M., 1992.
4 Sun Tzu: *The Art of War.* Shambhala Publication, Boston, 1991, S. 24.
5 Suzuki, D.T.: *Zen und die Kultur Japans.* O.W. Barth, München, 1994, S. 135/136.
6 vgl. dazu auch
   Herrigel, E.: *Der Zen-Weg.* O.W. Barth, München, 1987.
   und
   Herrigel, E.: *Zen in der Kunst des Bogenschießens.* O.W. Barth, München, 1989.
7 Toffler, A.: *Machtbeben.* Econ TB, Düsseldorf, Wien, 1993.
8 nach Campbell, J.: *Mythologie des Ostens.* Sphinx, Basel, 1991.
9 nach Glasenapp, H. v.: *Die fünf Weltreligionen.* Diederichs, Köln, 1985.
10 nach Singer, K.: *Spiegel, Schwert und Edelstein. Strukturen des japanischen Lebens.* Suhrkamp, Frankfurt/M., 1991, S. 318.
11 nach Shimizu, R.:»Eine Typologie japanischer Manager«. In: Esser/Kobuyashi (Hrsg.): *Kaishain.* Verlag für Angewandte Psychologie, Göttingen, Stuttgart, 1994.
12 Doi, T.: *Amae – Freiheit in Geborgenheit. Zur Struktur japanischer Psyche.* Suhrkamp, Frankfurt/M., 1982.
13 Buruma, I.: *Der Staub Gottes.* Eichborn, Frankfurt/M., 1992, S. 299/300.
14 Marcuse, H., 1967, zit. nach Czikszentmihalyi, M.: *Das Flow-Erlebnis.* Klett-Cotta, Stuttgart, 1991, S. 12.

4
Das Charisma der natürlichen Autorität

1 vgl. dazu Einstein, A.: *Über die spezielle und allgemeine Relativitätstheorie.* F. Vieweg, Braunschweig, 1969.
   und
   Capra, F.: *Das neue Denken.* Scherz, Bern, München, Wien, 1987.
   und
   Capra, F.: *Wendezeit.* Scherz, Bern, München, Wien, 1987.

2 Prigogine, I./Stengers, I.: *Das Paradox der Zeit*. Piper, München, 1993.
3 vgl. dazu Sheldrake, R.: *Das Gedächtnis der Natur*. Scherz, Bern, München, Wien, 1991.
und
Maturana, H.R./Varela, F.J.: *Der Baum der Erkenntnis*. Scherz, Bern, München, 1987.
4 Watzlawick, P.: *Wie wirklich ist die Wirklichkeit*. Piper, München, 1991. und vgl. dazu auch
Schmidt, S.J. (Hrsg.): *Der Diskurs des Radikalen Konstruktivismus*. Suhrkamp, Frankfurt/M., 1987.

5
Kränkungen und ihre Rachedynamik

1 Lay, R.: *Die Macht der Wörter*. Ullstein Management, Frankfurt/M., Berlin, 1992, S. 18.
2 Miller, A: *Der gemiedene Schlüssel*. Suhrkamp, Frankfurt/M., 1991.
3 Dollard, J., u.a.: *Frustration und Aggression*. Beltz, Weinheim, Basel, 1973, S. 106.
4 Burow, O.-A.: »Macht Liebe Macht?« In: *Gestalttherapie*, 7. Jahrgang, Heft 2, 1993.

6
Die Polarität der Motive

1 Jung, C. G.: *Über die Psychologie des Unbewußten*. Fischer TB, Frankfurt/M., 1975, S. 63.
2 ebd. S. 61.
3 vgl. dazu Wilhelm, R.: *I Ging. Text und Materialien*. Diederichs, München, 1973.
4 zit. nach Wilber, K.: *Halbzeit der Evolution*. Scherz, Bern, München, Wien, 1987.
5 vgl. Walter, H.-J.: *Gestalttheorie und Psychotherapie*. Westdeutscher Verlag, Opladen, 1985.
6 vgl. Perls, F.: *Gestalt, Wachstum, Integration*. Junfermann, Paderborn, 1980.
7 Mause, L. de (Hrsg.): *Hört ihr die Kinder weinen*. Suhrkamp TB, Frankfurt/M., 1982.
8 Maslow, A.: *Motivation und Persönlichkeit*. Rowohlt TB, Hamburg, 1981.
und
Maslow, A.: *Psychologie des Seins*. Kindler, München, 1973.

9 Chatwin, B.: *Traumpfade*. Hanser, München, Wien, 1990, S. 83.
10 Herrmann, K.: *Yakuza*. Goldmann, Hamburg, 1992.
11 Mündliche Mitteilung von Prof. W. Butollo, Ludwig-Maximilians-Universität München.
12 vgl. dazu Boszormenyi–Nagy/Spark, G.M.: *Unsichtbare Bindungen*. Klett-Cotta, Stuttgart, 1993.
13 Huizinga, J., nach Oerter, R.: *Moderne Entwicklungspsychologie*. L. Auer, Donauwörth, 1980.
14 vgl. Leibfried/McNair: *Benchmarking*. Hauffe, Freiburg i.Br., 1993.
15 Gelöbniswortlaut aus dem *Großen Brockhaus*: F.A. Brockhaus, Wiesbaden, 1979.
16 Campbell, J.: *Mythologie der Urvölker*. Sphinx, Basel, 1991.
17 zit. nach Weber, G. (Hrsg.): *Zweierlei Glück*. K. Auer, Heidelberg, 1994.
18 ebd. S. 23.
19 zur Psychologie des Kontakts:
Polster, E.u.M.: *Gestalttherapie*. Kindler, München, 1973.
20 Watzlawick, P.: *Anleitung zum Unglücklichsein*. Piper, München, 1983.
21 Lawler, R.L.: *Am Anfang war der Traum*. Droemersche Verlagsanstalt, München, 1993.
22 Norbu, N: *Traum-Yoga*. O.W. Barth/Scherz, München, 1994.
23 zit. nach Jaffe, A. (Hrsg.): *Erinnerungen, Träume, Gedanken von C.G. Jung*. Walter, Olten, 1988.
24 Mead, M., zit. nach Sigusch, V.: *Therapie sexueller Störungen*. Thieme, Stuttgart, 1975.

8
Die Kunst der intuitiven Führung

1 Epikur: *Philosophie der Freude. Übertragen und mit einem Nachwort versehen von Paul M. Laskowsky*. Goldmann, München, 1962.
2 Czikszentmihalyi, M.: *Das Flow-Erlebnis*. Klett-Cotta, Stuttgart, 1991.
3 Doi, T.: *Amae – Freiheit in Geborgenheit. Zur Struktur japanischer Psyche*. Suhrkamp, Frankfurt/M., 1982.
4 Steiner, C.: *Wie man Lebenspläne verändert*. Junfermann, Paderborn, 1982.
5 Gerken, G.: »Ein neues Management entsteht – Das Master-Management«. In: *Radar für Trends*, 19-20/94.